Chinese Etiquette

U0152544

中国人的规矩

刘一达 著

马海方 绘

人民东方出版传媒
People's Oriental Publishing & Media

东方出版社
The Oriental Press

图书在版编目（CIP）数据

中国人的规矩 / 刘一达著；马海方绘. -- 北京：
东方出版社，2023.8

ISBN 978-7-5207-3606-0

Ⅰ.①中… Ⅱ.①刘… ②马… Ⅲ.①礼仪—风俗习
惯—介绍—中国 Ⅳ.①K892.26

中国国家版本馆CIP数据核字(2023)第154687号

中国人的规矩

（ZHONGGUOREN DE GUIJU）

著　　　者：刘一达
绘　　　图：马海方
责任编辑：朱兆瑞
出　　　版：东方出版社
发　　　行：人民东方出版传媒有限公司
地　　　址：北京市东城区朝阳门内大街166号
邮　　　编：100010
印　　　刷：香河县宏润印刷有限公司
版　　　次：2023年8月第1版
印　　　次：2023年10月北京第4次印刷
开　　　本：880毫米×1230毫米　1/32
印　　　张：11
字　　　数：250千字
书　　　号：ISBN 978-7-5207-3606-0
定　　　价：49.80元
发行电话：（010）85924663　85924644　85924641

目录

1

／ 中国人的规矩

/ 中国人的规矩

礼节篇

／ 中国人的规矩

没有规矩，不成方圆

一

规矩是什么？简单来说，就是人们的行为规范。当然，这里的"行为"二字，包括生活和社会方方面面的所有行为。

"没有规矩，不成方圆。"这句话众所周知，但说到某一方面的具体规矩，不见得人人都懂。

不懂规矩，往往就会出现不按规矩办事的情况。当然，人不按规矩办事，不乱套，也得砸锅。

从某种意义上说，规矩属于"礼"的范畴。"礼"包括礼貌、礼节、礼仪等，这些说起来就是规矩。

孔夫子说："人无礼则不生，事无礼则不成，国无礼则不宁。"

一个人如果没有礼，在社会上就无法生存；一件事缺了礼，就不会成功；一个国家不讲礼，就不得安宁。

您说规矩有多重要吧？

二

有人说，规矩是讲究。您讲究，它就是规矩；您不讲究，它就不存在。意思是规矩可有可无。

其实，虽然规矩是无形的，但它又是有形的。规矩就是规矩，不管您承认不承认，它都是客观存在的，因为它已经约定俗成了。

例如，您跟朋友见面，要打招呼问好、握手。这是礼节，也是规矩。您不这样做，当然朋友嘴上也许不会说什么，但他心里肯定别扭，而且会对您有很多想法。

规矩跟法律还不一样。法律一条一条在那儿摆着。您触犯了哪条，对不起，您就要乖乖地接受哪条的处罚。该罚款，您就得缴钱。该蹲大狱，您就得进去啃窝头。一点儿没得商量。

规矩则没那么吓人，它更多的是道德层面的约束。您不守规矩，不仅会受到人们的白眼，还会遭遇道德上的谴责。

规矩有点儿像游戏规则，比如足球赛，犯规了，轻的，要被口头警告，重点儿的要亮黄牌，严重的要亮红牌，那可就对不住您了，要被驱逐出场。但这只是违反球赛的规矩，够不上法律层面，不至于进"局子"（派出所）。

不过，话又说回来，如果没有相关的规矩管束和制约，您说比赛还能进行吗？所以干任何事儿都要先定规矩，然后人人要守规矩，这才能成事儿。

三

现如今流行一句很经典的话：细节决定成败。成功与否要看细节。

细节是什么？一句话，一个动作，甚至一个眼神，都是细节，当然也包括一些规矩。

事实上，生活中的许多规矩，都是通过细节来体现的。

反过来说，如果说细节决定成败，那什么决定细节呢？

决定细节的东西也许很多，但有一条必不可少，那就是懂规矩。

在现实生活中，有不少学历很高，相貌还说得过去，体格也没问题的年轻人，或在职场面试时铩羽而归，或在谈恋爱时遭到冷遇。为什么？没别的毛病，就是因为不懂规矩。

如果您在举止言谈中懂规矩，在细节上能做到彬彬有礼，何至于会丢掉自己心仪的工作，或者与心爱的恋人失之交臂呢？

由此可见，小节不可轻视，规矩不能不懂。

四

中国人评价一个人，往往喜欢用"懂事儿"这个词。什么叫懂事儿？说白了，就是懂规矩。

假如评价一个人，说他"不懂事儿"，那这个人算是马尾巴串豆腐——提不起来了。

懂不懂事儿，往往还会影响到人品。假如一个人的心灵是面镜子，那么懂不懂规矩，就是镜子里射出的一道光。

有文化修养的人，在社交场合一定会彬彬有礼、规规矩矩的。比如有文化素质的人，不会在公共场所大嗓门说话，更不会在自助餐厅疯抢大虾；他在乘电梯时，肯定让老人和女士先行；在电影院看电影时，也不会聊天、嗑瓜子；在开会的现场不玩手机；等等。

您不得不承认，这些往往被忽视的细节，其实正好反映了一个人的人品和修养。

五

山西永乐宫纯阳殿，有一幅大型壁画《道观斋供图》，画面上道师们在说法，有一个书童蹲在地上用楔形木垫桌脚。

永乐宫的壁画是中国古代壁画的巅峰之作。这么重要的壁画，画师却画了这么一个生活中不起眼的细节，可以说用心良苦。

用来垫桌脚的叫"楮（zhī）案木"，它原来是木匠干活儿用剩的下脚料，因为古时候屋里的地面平的比较少，所以后来人们就把边边角角的下脚料做成楔形，用来垫桌脚，并把这种楔形木叫"楮案木"。

南宋理学家朱熹的老师刘子翚专门为这个"楮案木"写了一首诗："匠余留片木，楮案定敲倾。不是乖绳墨，人间地少平。"

一个小小的"楮案木"并不起眼，但是当地面不平，摆放的桌子晃晃悠悠的时候，用它垫桌脚，立马就稳当了。

由此可见，这小小的木头片儿，在关键时刻能起大作用。这让我想到了规矩的价值。

对于很多规矩，人们平时也许并不当回事儿，但是在裉节儿上，它们却能起到四两拨千斤的作用。这些，您尽管在生活中去领悟。

六

在现实生活中，很多时候不是人们不守规矩，而是不懂规矩。

生活中的许多规矩，尤其是一些老规矩，您从学校的课本上是学不到的。

学校的老师往往循规蹈矩，讲一些做人做事的大道理。至于说做人做事的小道理，当然也包括一些规矩，只能靠家教了。

家教是人生的第一课堂，父母是人生最好的老师。许多生动的实例，告诉我们这句话的确是至理名言。

自身的修行和恩师的栽培固然重要，但如果没有您迄小在父母身边的心灵滋养，没有很好的家教，也不可能有以后的自身修行，更不会得到恩师的信任。

七

实际上，一个人懂事儿、守规矩，不是什么人刻意地教出来的，而是长辈对您的耳濡目染、潜移默化的教化结果。

遗憾的是由于历史的原因，许多"50后""60后"的父母也不懂那些老规矩了，所以在教育子女上，自然会有许多缺憾。

如今，"50后""60后"的人已经当了爷爷奶奶，可以想象他们的后代，对一些老规矩的认知状况。

2014 年，北京的高考作文题就是"北京老规矩"。看起来很普通的话题，却让许多考生"考煳"，只因为他们真不知道什么叫老规矩。

平时，老师没跟他们讲过，在家里，父母也没跟他们念叨过。规矩，甭管新的老的，这些学生一时半会儿真不知道从哪儿说起。

这可是高中毕业生呀！连什么是老规矩都说不上来，您不觉得我们的家教有多么缺失吗？

八

不一样的家庭，有不一样的家教。这是没错儿的，因为每个家庭也各不相同。

其实，每个做父母的都希望自己的孩子懂事儿。哪个父母不希望自己的孩子有出息呢？

但是家里的情况不一样：有的父母从小就到社会闯荡；有的因种种原因从小就失去了父爱或母爱；有的父母也不懂那些规矩，所以他们非常渴望有个"老师"来释疑解惑。这个"老师"就是有关规矩的书。

说老实话，古往今来写规矩的书非常少。五年前，我为了写《北京老规矩》，曾经跑遍了北京的几个大的图书馆，查找相关的资料，发现有关规矩的资料少之又少，至于说这方面的书，几乎是个空白。

后来，《北京老规矩》由中华书局出版，并在短短的几年重印了八次。

进入网络时代，在纸质出版物出版发行量普遍下降的背景下，一本这种题材的书能在短时间内印八次，实属少见，由此可知人们多么需要规矩类的书。

当然，这本书之所以"走红"，跟前面说的北京高考作文题有关。因为书名跟高考作文题一字不差。

高考作文题，似乎是一种昭示，像规矩这样的传统文化，的确要引起年青一代的关注。

当然，对规矩，我们不但要知，要懂，更重要的是要遵守。这也是我写这本书的初衷。

九

说起规矩，有些人会咧嘴，有些人也会皱眉，甚至有些人会二目圆睁。是呀，在现实生活中，规矩就是约束。

现实生活中，谁都喜欢不被人管着，自由自在地活着。所以，规矩，有时候让人厌烦，甚至厌恶。您想谁愿意一天到晚让人管着呀？

自然，说教也是不招人待见的事儿。如果有人一天到晚碎嘴子似的唠叨你该干什么，不该干什么，三岁小孩儿也会产生逆反心理，别说是有头脑、有思维能力的大人了。

尽管生活中离不开规矩，但人们又不喜欢规矩。

这种矛盾心理，就像司机面对交通规则一样。

不过，当您意识到规矩是人们应该遵守的规范，什么事有了规矩，就能顺利地往下进行，没有规矩就会乱套，就会一粒老鼠屎坏了一锅粥的时候，您就会觉得规矩不是束缚，不是限制，而是必须遵守的。

这时候，您会觉得守规矩是一种快乐了。世界上的事情，就是这样物极必反。

十

正因为规矩不招人待见，所以关于它的书没人愿意写，即便有心也不知道怎么动笔。

毫无疑问，干巴巴地说不能这样、不能那样，这类教条是招人烦的。

如何把规矩方面的书写得生动有趣，寓教于乐，让读者爱看，这就要看作者的本事了。

确实如此，为写规矩这本书，我也算是煞费苦心了。一方面，生活中的各种规矩多如牛毛；另一方面，要把死板生硬的规矩写活。

确切地说，是带着微笑写苦恼，和风细雨地把那些生硬的规矩，融入历史人文、民俗风情等传统文化中，娓娓道来。

这样，读者读起来才不觉得枯燥，不会有距离感。显然，作者如果没有厚实的文化底蕴，是很难驾驭这种文字的。

把规矩放到传统文化和民俗风情里来阐述，规矩就不是一个冰块，而是涓涓流水了。人们当然惬意于"小桥流水人家"，而忌惮"古道西风瘦马"，但愿您阅读本书时，有清风拂面的感觉。

十一

本书不是《规矩大全》或《规矩词典》，所以，能入作者法眼的主要是那些接地气的，对现实生活还有用的规矩。

通过这老规矩，举一反三，对中国人的规矩有个大概的了解。因此，可以说本书属中国人规矩的精华。

文似看山不喜平。我是京味儿作家，也是"京味儿小说语言"的传承人之一。中国人甭管吃什么喝什么，都讲究先咂摸滋味儿，看书也如是。

我们平常爱说"书香"这个词。书，确实有各种各样的味道。那么，这本书是什么味儿呢？相信您看几页，就能咂摸出这本书浓浓的京味儿。

的确，用京味儿语言来写规矩，能找到听相声的味道来，即能把死规矩变成"活规矩"。

北京的东城区有个雨儿胡同，在胡同的13号院，正房明间的木隔扇上有副对联：

上联："本书以求其质，本诗以求其情，本礼以求其宜，本易以求其道。"

下联："勿展无益之卷，勿吐无益之话，勿涉无益之境，勿近无益之人。"

横批："乐生于智　寿本乎仁。"

把这副对联用在这儿，恰好说明我写这本书的初衷，也可表达写这本书的写作意义。

是为序。

刘一达

写于 2021 年 4 月 28 日

北京　如一斋

封火

过去没有暖气
化气暖气
白天做饭炒
菜晚上
能让火灭了
所以要把炉
子用煤封上
海方写旧京之规矩
并题於京华三然弄叟

　　　　　　　　　　　/ 中国人的规矩

起居篇

——一些家庭起居和日常生活的规矩——

家，无论贫富都有门风

门风，就是人们常说的家风，即一个家庭的风气。

家的格局随着时代的发展，发生了很大变化。老事年间，中国人的家庭讲究一个"大"字，父母跟子女是住在一起的，有的祖孙三代同堂，还有的四世同堂。

祖孙三代十几口子住在一起，热热闹闹，其乐融融，自然一个家的门风如何，人们还是很容易看出来的。

现代家庭，追求自由空间，讲究有自己的"小天地"，家的结构越来越小。一般人结了婚便单过，组建自己的小家。

父母，还有爷爷奶奶呢，也乐得清静，老两口儿过自己的"二人世界"。本来三世同堂的大家，现在分割成两个、三个甚至更多个小"家"。

于是有人认为，小"家"，两口子带一个孩子，还讲什么家风呀？讲门风更是味儿事（无厘头）。

其实，这是对家风的一种误解。

事实上，有家就会有家风，甭管这个家是大是小，不管这个家的人口是多是少，哪怕是只有一个人呢，只要您认为自己住的地方是家，就有家风。

我们说的家风，是看不见摸不着的。家风什么样，只可意会，难以言传。您只能从人的做派、气质以及他的一举一动中感受出来。

在现实生活中，别说一个大人了，就是一个孩子，您从他的一

中国人的规矩

言一行、仪表仪容乃至"三观"中都能大概其地看出他的"老家儿"是干什么的，他是在一个什么家庭环境下成长起来的。当然，您就可以知道他的家庭是什么样的家风。

所以，中国人往往从孩子的言谈举止看他父母的教养，看他家里有没有规矩。

当看到一个孩子的言谈举止有什么不顺眼的地方时，中国人会说："他的父母是怎么教育他的？"

中国人自古以来都非常重视家风，把它作为教育子女成长和传承后世的第一要旨。

"家风"一词，最早出自西晋的文学家潘岳的文章《家风诗》。其中有"绾发绾发，发亦鬒止。日祗日祗，敬亦慎止"，有"义方既训，家道颖颖。岂敢荒宁，一日三省"，老祖宗的功德和训诫，要一天领会三遍，说得多深切呀！

北周诗人庾信在《哀江南赋》序里专门提到了潘岳的《家风诗》："潘岳之文采，始述家风。陆机之辞赋，先陈世德。"

庾信认为，一个作家写的东西再多再好，什么最有价值？那就是"家风"和"世德"。

家风是社会教化的重要资源。您如果看一个人的成长历程，他的性格和品格的形成，主要在于家风一点一滴地浸染。家风对一个人的教化作用，往往是无声的，这是耳濡目染、"润物细无声"的过程。

"孟母三迁"的故事妇孺皆知。孟子的母亲为什么要来回搬家？就怕孟子学坏。古代中国人在教育子女时，非常注重自己的孩子跟什么人一起玩儿，看他的家风怎么样。

一个孩子的家风好，父母有文化，知书达理，懂规矩，当长辈的才能放心大胆地让自己的子女跟他交往。否则，断然不敢。谁都怕不好的家风，伤害孩子的心灵。

好的门风，来自"老家儿"的言传身教，当然许多家庭，特别是老式家庭都有自己的家训，以及长辈给后代立的一些规矩和训诫。

这些老规矩，即行为规范，直接关系到孩子的成长，也会影响孩子性格的形成和气质的培养。

过去，中国人家的大门上，都要撰写并且雕刻楹联。这类楹联也叫"门心对儿"。

有些"门心对儿"就是治家格言。我们常见的有：

"诗书寄素业，水石澹幽居。"

"忠厚传家久，诗书继世长。"

"积善人家，必有余庆。"

"琴言清若水，诗梦暖于春。"

"忠厚承天德，诗书启后昆。"

"持家遵古训，教子有义方。"

"五云蟠吉地，三瑞映华门。"

"文章华国，诗礼传家。"

"总集福荫，备致嘉祥。"

"门庭清且吉，家道泰而昌。"

"福海朗照千秋月，寿域光涵万里天。"

您看，这些楹联写得多么妙呀！我们看到的院门，实际上就是所谓的"家门"，它如同一个家庭的窗口。您从这些楹联，就能咂摸出一个家庭的门风如何。

中国有句老话："龙生龙凤生凤，老鼠的儿子会打洞。"这话说得有点俗，但还是有些道理的，他实际上说的就是家风的影响力。

家业有兴衰，门风无曲直。一个家族的门风是经过几代，甚至几十代人的努力树立起来的。好的门风，往往也会影响几代人，甚至几十代人。

中国人对门风的重视，远远胜过金钱。金钱，有花完的时候，而门风却"取之不尽，用之不竭"。

家教影响人的一生

这里所说的家教，跟现在人们通常说的"家教"是两码事儿。

现在，人们所说的家教，就是年轻的父母希望孩子能成为有什么样特长的人才，于是聘请有这些专长的人当老师，到家里来教自己的孩子，比如外语、书画、钢琴等。

这种"家教"，在中国古人眼里，叫"专馆"，即专管教一个人。我们这里所说的家教，可不是指这个，而是一般意义上的家庭教育。

现在的教育讲究"全面发展"，这是一个新概念，含有教育上多点开花之意，但一般人往往都会把对子女的教育寄托于学校。

总以为一个孩子学好学坏，成才不成才，跟上什么样的学校有重大的关系。

谁不希望自己的孩子有出息？谁也都明白一个良好的教育环境对孩子的成长起着怎样的作用。于是，如今的人们都怕自己的孩子输在起跑线上，因此大家争着抢着让自己的孩子上重点学校，包括幼儿园和小学。一些望子成龙的家长，为了能让孩子上重点学校真是不惜血本。

其实，一个孩子的成长，离不开三个环境：家庭、学校、社会。而他所受到的教育，也离不开这三个方面。这三个方面的教育，家教是最重要的。

因为，家教是一个人最早受到的教育，同时也是影响自己终生的教育。但家教又是"随风潜入夜，润物细无声"的教育，因而也恰恰是被现代人所忽视的教育。

前几年，一位在国内享有盛誉的歌唱家的儿子，因为强奸罪被判刑，在社会上引起很大反响。

这个歌唱家的孩子，从上幼儿园到小学、中学，都是重点学校，论教育环境肯定要优于一般学校，但他为什么从小就学坏，最后走上了犯罪之路呢？

其实，这跟他的家教有直接关系。因为这位歌唱家是老年得子，孩子的母亲又年轻，自然对孩子分外宠爱，溺爱的结果必然是没有规矩的放纵。

您不能不承认，家教的缺失，是个导致孩子堕落的重要原因。

《颜氏家训》中说："父母威严而有慈，则子女畏慎而生孝矣。"

这句话涉及家教的具体方法问题。

父母在自己的孩子面前要有一定的威严，孩子才会听你的。当然光有威严，一天到晚总绷着脸也不行，对孩子还要有慈爱之心。让孩子对您有一种敬畏，而且谨慎小心，才会让他对您产生孝心。

中国人是非常重视家教的。老话说：上梁不正下梁歪。当"老家儿"的要谨记以身作则的重要，凡是教育孩子不做的，首先要自己不做。假如当家长的吃喝嫖赌抽"五毒"俱全，却要求自己的子女踏踏实实做事、老老实实做人，可能吗？

一个孩子在外面行为不端，中国人往往不说这个孩子怎么样，而是说："这孩子，什么家教呀？父母怎么教育的？"

当然，家长在教育孩子时，也常常会说："你在外头可得规规矩矩的，惹点什么事儿，捅点儿什么娄子，你爹你妈可替你丢不起这个人！"

由此可见：孩子的行为，就是家长的脸面。孩子的一举一动，都能反映出家教如何。

中国人的家教，主要体现在三个方面。

一是立家规，让孩子知道自己的行为准则，哪些该说该做，哪些不能说不能做。

二是以身作则，身教重于言教。比如教育孩子不要吃喝嫖赌，您首先得做到洁身自好。

三是多种形式的教化，带孩子看戏、听书、听曲艺，接触有文化修养的人等潜移默化的教育，往往会让孩子受益终生。

家教 隨風潛入夜 潤物細無聲 滿力寫意并識

家训是家的精神财富

如果问现在年轻的父母："你们家有家训吗？"估计一多半的人会摇脑袋。

是呀，都什么年代了还有家训？当然，有些年轻人可能连什么是家训都不知道。

其实，家训是一个家的治家格言，换句话说，家训是一个家族或一个大家庭的精神财富。

中国是礼仪之邦，非常重视家族文化的传承，长辈为了使家族的事业在后人那里不断发扬光大，并且希望家族的优良传统能代代相传，便把一些应该做的和不应该做的事写下来，告诫或警诫后代，这就是所谓的家训。

当然，有些家训是老辈人留下来的，但到咱们这一辈，就更应该肩负起承上启下的责任。

现在的中国人，有了钱之后讲究置产置业，死了之后，给儿女留房留车留钱，却很少有人给儿女留家训的。这实在是一个莫大的缺失。

老话说，富不过三代。意思是说您家里再有钱，传到第三代也就散尽了。有人说这是一种规律，其实也不尽然。有没有富过三代的？当然有，还有富过八代九代，甚至二三十代的例子呢。

人家靠什么富了这么多代呢？前文提到的那个著名的"门心对"回答了这个问题："忠厚传家久，诗书继世长。"

要想家族的香火兴旺，您烧香拜佛没用，只有让自己的孩子多读书，让他们忠诚厚道，成为有文化有品位的人，这样才能传家久和继世长。这些也是大多数家训的内容。

诸葛亮的《诫子书》就是有名的家训。他在家训里提出的"夫君子之行，静以修身，俭以养德。非淡泊无以明志，非宁静无以致远"，已经是众所周知的名言。诸葛亮在书中教育自己的后代，要勤学励志，修身养性，忌心浮气躁，懒惰怠慢，要淡泊明志，宁静致远。

有名的家训还有朱柏庐的《治家格言》、包拯的《包拯家训》、曾国藩的《曾国藩家书》、梁启超的《家书》《家训》、傅雷的《傅雷家书》等。

家训主要体现了长辈对子孙立身处世、持家治业的教诲，这些教诲不是泛泛地讲大道理，而是明确告诉后人应该怎么做人做事。

比如朱柏庐写的《朱子家训》。朱柏庐是江苏昆山人，明末清初的著名理学家，教育家，有"吴中三高士"之一的雅号。

他给自己的晚辈写的家训一共有五百个字，但字字如珠玑，大多是至理名言，而且有据可依，有章可循。例如："一粥一饭，当思来处不易；半丝半缕，恒念物力维艰。""宜未雨而绸缪，毋临渴而掘井。"您看说得多么精辟？

常言道："世事洞明皆学问，人情练达即文章"。家训是长辈们积一生的经历而获取的人生感悟，留给后人作为警示，所以，家训又可称为长辈留给后世为人处世的宝典。

这正是家训的价值所在。了解这些，您是不是就会觉得，先辈留下的家训作为精神财富，从某种意义上说，比万贯家财更有意义。

您的家里有家训吗？如果没有，是不是考虑给后人留下呢？

一个家要有家规

家规，是一个家族或一个家庭立下的规矩。家规，也可以叫家诫或家教等。

家里立的这些规矩，并不是冠冕堂皇的说说而已，更不是装点门面的摆设，而是生活中非常具体的约束，实打实要照着去做的。

家规，有的是长辈把它写下来，挂在墙上，让晚辈每天都能看到。有的是长辈口头定下来的，然后由晚辈一代一代传承下来的。

有的家规条文比较多，有的就一句话。我认识一个姓吴的朋友，活了五十多岁，压根儿没动过烟酒。饭桌上，任谁怎么劝，就是不喝一口酒。

问他为什么？他说这是他爷爷立下的家规，后辈谁也不能把这个家规给破了。

原来他爷爷是个木匠，抽了一辈子烟，喝了一辈子酒，晚年得了肺癌，扩散后痛苦难耐，临终前，把几个孩子叫到身边，对他们说："从我这里开始，以后只要是陈氏家族的人都不能抽烟喝酒。"

曾国藩带兵打仗，一生戎马倥偬，在战场上不知杀了多少人。当年跟太平军打仗时，一场战役下来就死伤几十万，人送外号"曾剃头"。

到了晚年，曾国藩回顾自己的一生，开始忏悔杀生太多，时时感喟，愧疚自责。临终前对自己的后人说：从我之后，曾家人不要当官，更不能投身行伍。

这条家规一直到现在，还被曾国藩的后人信守。曾国藩的后人有七八代了，他们当中有科学家、外交家、医生、教师，就是没有当官的，也没有穿军装的。

家规最早见于《易传》。您肯定知道中国有一本古籍叫《易经》。其实这部典籍包括《连山》《归藏》《周易》三本书，但《连山》《归藏》已经失传，所以我们现在说到《易经》时，主要说的是《周易》了。

尽管《周易》只是《易经》的一部分，但《易经》有许多占卜方面的爻卦，一般人很难懂，所以后来出了一部解释《周易》的书，名字叫《易传》。

《易传》讲的是自然主义的天道观。由天道推及社会、家庭、人世。有句名言："积善之家，必有余庆。积恶之家，必有余殃。"这句话的意思是让人们行善。凡是积极行善的家庭都会有好的回报。反之，不行善的家庭，会遭到不好的报应。总之是让人们行善，别做恶事。

家规，大多带有循循善诱的引导和启迪作用。比如《颜氏家训》中说："积财千万，无过读书。""观天下书未遍，不得妄下雌黄。""多为少善，不如执一。""文章当从三易：易见事，一也；易识字，二也；易读诵，三也。"

积累下成千上万的家财，也抵不上读书。您不可能把天下所

　　　　　/ 中国人的规矩

有的书都看遍，所以对有些问题，就不要轻易地下结论。很多事情同时做，能做好的时候很少，还不如专心致志做一件事。写文章不能空洞无物，写出的文字要通俗易懂，能让人知道是什么意思，而且还要朗朗上口，便于诵读。

您瞧，这位长辈多么细心，甚至把怎么做文章都写到家规里了。

当然也有直截了当的规矩。比如《包拯家训》："后世子孙仕宦，有犯赃滥者，不得放归本家，亡殁之后，不得葬于大茔之中，不从吾志，非吾子孙。"

后代的子孙中，不管是谁做了官，如果贪赃枉法，犯了罪，都不许回老家安居，死了之后，也不许他埋在包家的祖坟，如果谁违背了我的志愿，就不是我的子孙后代。

您瞧这位包大人可真是铁面无私，连对自己的后代都要求如此严厉，就差家里摆口虎头铡了。

即便是这么写出来还不行，他还明确说：把这个家规"仰珙刊石，竖于堂屋东壁，以昭后世。"

周恩来总理的侄女周秉宜对笔者出示了《周恩来十条家规》，其中包括：不许以他的名义请客送礼；不许动用公车；生活要艰苦朴素；生活中自己能做的事儿，不要麻烦别人；不谋私利，不搞特殊化；在任何场合都不能说出跟他的关系，不要炫耀自己；晚辈不能丢下工作专程进京来看他，只能在出差顺路时去看看；外地亲属来看他时一律住国务院招待所，住宿费自理；一律到食堂买饭菜，有工作的自己买饭菜票，没工作的由他代付伙食费；亲属看演出一律购票进场，不得享受招待券。

周秉宜对我说："伯父没有亲生子女，但亲戚很多，他对自己的晚辈要求极严，立这些规矩，就是教育我们要本分老实，踏踏实实工作，做一个平凡的人，不搞任何特殊化。我们晚辈都是这么做的，没有一个人给伯父丢脸。"

由此看来，家规并不是聋子的耳朵——摆设，确实对后人的行为能起到规范作用。

"老家儿"的教化作用

"老家儿"，是一句北京土话。说这个"家儿"字时，必须读轻音，并且加儿化音，说成"老尖儿"，否则就成了"老家"。

"老家"跟"老家儿"的意思，可就猴吃麻花儿——满拧了。

什么是"老家儿"呢？简单说就是自己的父母，但又不完全指自己的父母。

为什么呢？因为中国人的家庭，有"过继"和"寄养"的传统。

有的人结婚以后，由于种种原因，一直没有生孩子，但老年间，信奉"不孝有三，无后为大"。怎么办？

正好大哥或二弟家孩子多，那么就可以跟大哥或二弟商量，把其中一个孩子接过来，当自己的孩子养育，这就是所谓的"过继"。

当然，有的孩子大了以后会知道自己的身份，但既然是"过继"，就只能随自己的养父母了。

这种情况，您的"老家儿"就不是两个人了，除了亲生父母，还有养父母。

中国的传统家庭结构，爷爷奶奶和父母同住在一起的三世同堂，甚至四世同堂的家庭比较多。有爷爷奶奶在，所以，"老家儿"这个概念，就不只是自己父母了，还包括爷爷奶奶。

还有一种情况是"寄养"，父母工作比较忙，或者跟孩子不在一个城市，为了子女上学念书，寄养到爷爷奶奶或姥爷姥姥家，还有的"寄养"在叔叔姑姑或舅舅姨家。那么，这个"老家儿"也许就指的是他们。

总而言之，"老家儿"指的是养育您的长辈。换句话说，您在哪个亲人身边长大的，哪个亲人就是您的"老家儿"。

说了归齐，"老家儿"其实就是家长。您如果是正念书的学生，如果学校开家长会，"老家儿"就是那个参加家长会的人。

说到这儿，您应该清楚了，中国人说的"老家儿"，必须是长辈。平辈人岁数再大，也没资格叫"老家儿"。

为什么中国人特别重视"老家儿"呢？因为"老家儿"是一个人成长的"栽培者"。如果把一个人比作一棵树的话，在他没成人之前，家庭就是土壤，"老家儿"就是养护这棵树的园丁。

一棵树能不能成才？幼苗时候的养护是至关重要的。

老话说："三岁看大，七岁看老。"也就是看一个人三岁的时候是什么脾气秉性，就知道他长大了是什么样儿。看一个人七岁的时候是不是聪明伶俐，同样，也就知道他大了会不会成才。

当然这句老话是可以商榷的，只能算"参考消息"。

世界上，什么事儿都不是绝对的，著名科学家爱因斯坦十岁的时候还是个淘气包，天天逃学，考试老吃"烧饼"呢，结果人家十一岁的时候，突然大脑开了窍，这一开窍，诞生了二十世纪最伟大的科学家。如果以"三岁看大，七岁看老"的尺子一量，把他就给量没了。

"老家儿"在一个家庭，绝对是能主事儿的角色，所以在家里是最有权威性的人。他的一言一行，对孩子的成长起着潜移默化的教化作用。

老话说："正人先正己。""老家儿"要想让自己的孩子有出息，首先要自己有出息。

当然，"出息"两个字，并不是非让你成名成家，或者让你去做买卖发大财，而是让你做一个文明有礼、懂规矩的人，做一个忠厚、老实、勤奋，有一技之长的本分人。

曾国藩在自己的著作里，作为"老家儿"规劝自己的子女："家运之兴旺，在于和睦、孝道、勤俭。"

这位曾先生特别有意思，他始终认为中国的古训"早起三光，亮亮堂堂"至关重要，所以非常反感睡懒觉的人。

他认为凡是喜欢睡懒觉的人，不会有太大的出息。因此给自己的子女立下规矩，每天都要早睡早起。

当然，他除了告诫子孙外，自己也从来不睡懒觉。虽然他长年带兵打仗，生活没有规律，但不管夜里几点睡觉，黎明即起。

鬼谷子说家有四样，不败也亡。第一，兄弟不睦；第二，夫妻离心；第三，嗜酒好赌；第四，家风败坏。而要做到家不败，当"老家儿"的，首先要把持好这四样。

如果您一天到晚喝大酒，酒气熏熏，泡在麻将桌上，回到家，两口子打打闹闹，兄弟之间老死不相往来，您怎么教育自己的孩子呢？

我采访过京城的几个世家的子弟，如朱家（朱家潜家）、吴家（吴祖光家）、黄家（黄宗江家）、王家（王世襄家）、钱家（钱学森家）等等，发现他们的后人之所以这么有出息，恰恰是因为跟"老家儿"的教育有直接关系。

看来，"老家儿"不是白当的，既然您是"老家儿"，就要扮好自己的角色，一言一行，一举一动，让人看您像是一个"老家儿"。

长子如父顶门户

长子如父，这是说给兄弟姐妹们的。老事年间，中国人的家庭人口多，一般家里都有三四个孩子，有的人家甚至有八九个孩子。在这种情况下，便显出长子的地位来了。您想呀，长子是老大呀！

在封建社会，人们的宗法观念极强，当时皇帝立储，即确定自己的接班人，首先要选长子，长子要是英年早逝，就选他的儿子，一般也是长孙。明朝的开国皇帝朱元璋选择的就是孙子朱允炆，结果四儿子朱棣恼了，发动了靖难之役，抢班夺了权。

长子在一个家庭的重要地位主要体现在顶门立户上。假如在一个有四五个孩子的家庭，父母亲亡故了，如果没有人挑这个门户，这个家也就此名存实亡了。

但是有长子在，大哥这时候站出来挑这个门，家就依然会存续下去。一个家不能没有主事儿的人，当父母不在的时候，这个主事的就是长子。

什么叫长子如父呀？就是当父亲不在人世的时候，长子就像父亲一样关照和关怀自己的兄弟姊妹。

当然，长子要想做到"如父"，就要做出许多牺牲，因为在利益分配上，您要处处谦让自己的兄弟姐妹。

此外，在家风的传承方面，老大还要给自己的兄弟姐妹们做出表率。

民间有当老大难的说法，恐怕不是没有道理的。但这也是一个家族赋予长子的一种使命吧。

请安和道万福得当面

请安，是一种礼节，也是一种规矩。这种规矩是中国人所独有的。

什么叫请安呢？说白了就是当面问好的意思。但跟问好不同的是，请安这个词，不是所有的人都可以用的。

请安的这个"请"字，是讲究规矩的。换句话说，这个"请"，只能是晚辈给长辈"请"，或者在官场上，是下级给上级

"请"。同辈之间则没有这个礼节。

"安"是安好、平安、吉祥如意的意思。请安,大体上有三层意思:

一是问安,即问候,尊敬您。也就是为您请安,带有祝愿的意味。

二是报安,即告诉您,我挺好,您别惦记着了。

三是讨请,即请求指示。您看您有什么要吩咐的?

请安,这一礼节来自满族。而且,只有男人行此礼才叫请安。这个"安"怎么个"请"法,也就是用什么姿势行这种礼,是有一定之规的。

《清文汇书》对满族礼节的规矩有具体要求。通常穿箭服的男子,请安时要捋(luō)起马蹄袖头和旗袍子,先放垂袖头,左脚略向前移,右脚向后并屈膝,到离地只有一寸的位置,再用双手按左膝,头略低,然后再慢慢起身。

您在反映清朝人生活的电影或电视剧里,肯定看到过请安的镜头。对,就是那种姿势。

老舍先生是满族旗人的后代,他在小说《正红旗下》里,对请安的姿势有详细的描述。他认为身材轻盈的年轻旗人,请安的动作最标准,也好看。年纪大的胖旗人,请安的动作则不那么耐看了。

不过,到了清末,随着清朝政府的衰微和世风的改变,请安的姿势也不那么讲究了。旗人之间,日常见了面,一般都改请"单腿安"了。

国人管"单腿安"也叫"打千儿",即右手向前往下伸,接近

请安

满七北京满族安行万福

满，而不叫请安，是两手

按腿三叩首礼，这种礼节俗称；蹲安

东方写旧京人物并述

／中国人的规矩

地面，同时弯腰，右腿屈膝，左腿略曲。比"双腿安"要显得随意一些。

满族的妇女请安不叫"请安"，叫行"万福"礼。《清文汇书》里规定："妇女行万福满礼，妇女两手按腿三叩首礼。"这种礼节，俗称"蹲安"。

请安这种礼节在清代的官场普遍实行，由于当朝皇上是满族，所以行此礼的不仅有满族人，其他民族也如是。

辛亥革命推翻了清朝皇上之后，半跪半蹲的请安姿势逐渐消失了。但请安作为一种礼节和家庭规矩，在满族人家中依然流行，只不过请安变成了一种问候，不用再摆什么姿势了。

与此同时，请安这个词儿，作为问候的同义语，也纳入北京土话之列。平时，北京人见了面，往往要说："二爷好呀！我这儿给您请安了。"

这个"请安"，相当于"问安"，那意思就是："我这儿向您问好儿了！"

接安也是一种礼节

在中国人的规矩里，请安是常见的礼节，但晚辈给长辈请安后，长辈不能没有什么表示。

通常，晚辈给您行请安礼的时候，您要伸出手来以示接受，按中国人的老规矩这叫接安。

接安，不是用嘴一说，就算接过去了。您得真接。怎么接呢？一般是伸出左手，轻轻地拉一下行礼的晚辈，让他起来，这是"单手接安"。礼大的是伸出两只手，把晚辈扶起来，这叫"双手接安"。

接安看起来平平常常，但里头却大有深沉（很深内涵之意）。从长辈脸上的表情和手伸得远近高低，能看出长辈对晚辈的褒贬。

有时，长辈对晚辈头天的举止言谈不满意，还可以不接安。

北京的满族旗人家庭，规模比较大，礼数也多，在早些时候，家里的晚辈一天要给长辈请三次安。怎么会请三次安呢？

老一辈的中国人通常是三世同堂或四世同堂，即老少三代或四代。积善之家，长幼有序，以北京四合院为例，正房归爷爷奶奶住，爸爸妈妈住厢房，南房归晚辈住。晚辈早晨起来第一件事儿，便是到正房给长辈请安。长辈也要早早儿起来，等着接安。

晚辈晚上下了班，回到家的第一件事儿，也是给长辈请安。晚上睡觉前，还要给长辈请一次安。一年三百六十五天，天天如此。

这种礼数确属繁文缛节，但作为老规矩，只要跟长辈住在一起，晚辈必须得遵守，不得怠慢。

当然，请安接安在老北京是重要的规矩和礼节，但随着北京城的发展，大部分人已经告别了胡同，住进了楼房，别说四世同堂，三世同堂的家庭都已经很少了。时过境迁，移风易俗。

现在请安的规矩几乎没人讲了，当然，也就没有接安一说了。但每天早起，向自己的长辈，道声"早上好！"的礼节还在。

/ 中国人的规矩

早晨起来先"问起儿"

问起儿这个规矩，古已有之。古人叫"问寝"。寝是睡觉的意思。起儿，是早晨起来的意思。两者音近义同，即晚辈早晨起来，向长辈问安。

过去，中国人一般都是长辈和晚辈住在一起，三世同堂或四世同堂，但长辈和晚辈是分着住的。由于长辈上了年纪，特别是身子骨儿有毛病的，夜里睡觉容易发生什么意外，所以，当晚辈的早晨起来第一件事，就是到长辈住的屋里问起儿。

问起儿有两层意思：一是晚辈对长辈的敬重，早起问安，这是必要的礼数；二是看看老人夜里睡得怎么样，有什么实际需要，这是生活常识。

通常晚辈给长辈问起儿，先问安，后说情，再问事由儿："爹、妈，夜里睡得好吧？您看昨儿晚上，我爹嗓子眼儿有点儿不大痛快，咳咳咔咔的，我一宿没睡踏实。怎么样？睡了一宿觉，嗓子好点儿了吧？

"哦，没事了。得，那我心里踏实了。您瞧，二老还有什么可吩咐的？"

如果二老点了头，那意思是没什么可嘱咐的了，晚辈这才可以回到自己屋里，刷牙洗脸，张罗吃早点，准备上班。

这种老规矩，在现在中国的老式家庭，仍然保留着。

倒"夜壶"是尽孝心

这个老规矩，现在的年轻人知道的已经不多了。中国人的礼数，分为虚礼儿和实礼儿。

虚礼儿，就是动嘴不动手，作揖请安，点头问好。这只是一种礼节，没有实际内容。

实礼儿则不同了，不但动嘴，还要动手。换句话说，要干点儿具体的事儿。以此为敬，以此为礼。

中国人过日子，早晨一睁眼，要干的事儿很多。那会儿的中国人都住四合院或大杂院的平房，通常每个院里都有厕所，但离住的屋子总要有一段距离，为了解决夜里起来解手（大小便）的问题，家家屋里都备着一个搪瓷的、扁状类似水罐的家活什儿，中国人管它叫"夜壶"。

"夜壶"主要是人们用来夜里撒尿的。所以，中国人早晨起来，第一件事儿是倒夜壶。如果晚辈跟长辈在一起住，自然，这项光荣的任务就由晚辈来承担了。

倒完"夜壶"后，接着要给长辈捅炉子。在没有液化燃气的年代，取暖、做饭都用烧煤的炉子。这种家用的煤炉，分为煤球炉子和蜂窝煤炉子。白天取暖、做饭，晚上不能让它灭了，所以要把炉子用煤球或蜂窝煤给"封上"，俗称"封火"。

封好的炉子，第二天一早儿，得拿"火筷子"捅开。这项光荣任务，也落在了晚辈身上。

/ 中国人的规矩

"早起一杯茶"由谁泡

中国很多地方都有早晨起来喝茶的习惯。夜里，把头天喝到肚子里的东西，都排出去了，肚子自然就唱了"空城计"，所以人们早晨起来，不光倒"夜壶"，还要给肠胃补补水，也就是喝早茶。

喝早茶，是中国人生活中的"五大乐事"之一，自古就有"早起一壶茶，饭后一袋烟"之说。

不过这喝早茶的讲究各地又不一样，北京人喝早茶，跟广东人吃早茶不是一回事。广东人"吃"的所谓早茶，就是早点（早餐）。北京人的早茶纯是"喝"。

南方人喝茶讲究喝新茶，买茶时要问"新不新？"喜欢喝"明（清明）前"茶，"谷前（谷雨）"茶。北京人讲究喝花茶，买茶，问的是"香不香？"

北京人喜欢喝的是茉莉花茶。这种茶味道厚重，有浓郁的茉莉花的芳香。高级点儿的花茶又叫"香片"。

过去，北京上了岁数的妇人，讲究晚上睡觉前和早晨起来后嚼几片茉莉"香片"清口。而北京的老爷们，也就是中老年男人，则讲究早起喝壶花茶，既可清口排浊，又能提神醒脑。

其实，北京人喝茶的历史并不长。据史书记载，直到明朝，永乐皇帝朱棣定都北京，开始大移民，南方人进京成为北京人后，喝茶的习惯才在京城普及。在此之前，喝茶是皇亲国戚和达官显贵的专利。

喝早茶

喝早茶是南北人生活中的五大乐事之一。紫人有三早老一壶茶，饭后一袋烟，之说。曹雪鸣写景人物

据《金史》记载：泰和五年，尚书省奏，茶为饮食之余，耗财很多，因此七品以上官员，家中方可饮茶。七品相当于现在的县、团、处级。您看那会儿，到县太爷的级别，才有资格在家里喝茶，一般老百姓当然就不知茶滋味了。

北京人喝茶非常有意思，讲究的主儿用盖碗儿，或者拿紫砂壶，直接对着嘴喝。不讲究的，则是用带提梁的大茶壶沏好后，再倒在茶碗里喝。还有一种是用陶瓷缸子，抓把茶叶，直接沏。

不管用什么茶具，北京人喝茶，像喝酒，讲究大口大口"咚咚咚"地喝，这样喝着过瘾。而且还有一样儿，北京人喝茶，习惯用刚开的水沏茶，在他们的生活词典里，压根儿就没有泡茶这一说。

正因为要用滚开的水沏茶，北京人发明了水氽儿。什么叫水氽儿？就是用薄铁皮凿成一个上边有口，下边是尖的，中间带把儿的，锥形筒状的"烧水器"。

早年间，中国还没有电热壶，也没有燃气灶。取暖烧水做饭都用煤炉子。北京人家用的家用煤炉，烧的是煤球儿。煤炉捅开以后，等火烧旺，把水氽儿灌上水，插在煤眼里，很快就会烧开。所以早起一杯茶，喝起来，还是比较方便的。

当然，四世同堂或三世同堂的家庭，长辈的这早起一杯茶，得由晚辈来侍候了。这也是北京的一个老规矩：早起，晚辈给长辈沏好了茶，才能去吃早点。

笔者早年间在工厂当学徒工时，工厂在西郊的八里庄，住家在西单的辟才胡同，相距十多公里。每天一大早，骑车到工厂后，换上工作服，头一件事就是拎着暖水瓶，到水房打水，回到宿舍，给几个师傅的大把儿搪瓷缸子沏好茶，北京话叫"焖上"，然后，再到食堂吃早点。

这也是老规矩。因为，工厂里的其他年轻人也都是这样。师傅不用说，徒弟们抢着一大早到工厂，侍候师傅这"早起一杯茶"。

不能跟"老家儿"顶嘴

所谓敬听，是指晚辈恭恭敬敬地听长辈的说教。

这种说教，一般是在早晨起来，晚辈向长辈问起儿的时候。为什么要选择这种时机呢？因为长辈大多上了年纪，平时在家闲居，晚辈则要出门工作，虽然同住在一个院子里，但平时见面只能在晚上。

一般情况下，在吃晚饭的时候，长辈要在饭桌上对晚辈"问询"，即过问晚辈诸如学习、工作、生活、婚姻等情况。晚辈在长辈面前也不要隐瞒，工作中遇到的事情，有什么难处，有什么委屈可以和盘托出。

不过，当长辈的不会马上就说三道四，加以评说。通常要在脑子里过滤一下，赶到第二天早起，再给晚辈指点迷津。

长辈对晚辈的说教，多数是就事论事讲做人做事的道理，有些不见得能解决实际问题。所以，很多时候也是老生常谈。而且，北京的老人都爱拿范儿，体现当长辈的尊严和威望，说话也拿腔拿调。北京土话管这叫"拍老腔儿"。

有些长辈上了岁数，说话本来就不大利落，但磨磨叽叽，车轱辘话没完没了，许多年轻的晚辈，就怕听长辈"拍老腔儿"，有"不怕葱不怕姜，就怕您呐拍老腔儿"的说法。

但中国人的规矩不但多，而且严，您只要是晚辈，那么对不起，长辈说什么，您都得洗耳恭听。说得不对的，说的都是您不爱听的，您也只能是两个字：听着。没办法，这就是规矩。

顶嘴，露出些许不耐烦的表情，那都是对长辈的不尊不敬。当然，这里说的是听，至于说是不是照着长辈说的话去办，那又另当别论了。

其实，这种规矩在我们国家已经存在了几千年，属于封建社会的"三纲五常"范围。现在看，这种规矩确实带有封建礼教色彩，但就晚辈尊重长辈的角度看，长辈出于对晚辈的爱护，对晚辈的说教是没有错的，只是说教时的态度和家长制的做派需要改进。

不过，从晚辈尊敬长辈的角度看，长辈对自己的教育还是应该敬听的，如果从这个意义上看，这个老规矩并没过时。

一个家要有大有小

这里说的有大有小，是指长辈在家里的地位。

大，就是长辈；小，自然是晚辈。有大有小，就是在家里，大小要有区别。不能父亲跟儿子打打闹闹，儿子跟父亲乱开玩笑，分不出大小辈儿，更体现不出长辈的尊严。

《颜氏家训》里说："父母威严而有慈，则子女畏慎而生孝矣。"

长辈，尤其是挑门立户的长辈，是一家之主。他的一举一动，既体现着他在这个家庭的尊严，又对晚辈起着一种示范作用，直接影响一家的"门风"。因此，中国人的规矩，非常重视在家里要有大有小。

《礼记·学记》里说："凡学之道，严师为难。师严然后道尊。道尊然后民知敬学。"父母在家里就是自己孩子的老师。严师出高徒。要想得到子女的尊敬，就要在家里保持一定的尊严。

当然，保持尊严，不是让您一天到晚耷拉脸，而是"软硬兼施"，该严肃时绷脸，该高兴时微笑。按中国人的规矩，要有大有小，当长辈的在晚辈面前不能随随便便。老话说："大有大的样儿，小有小的相儿。"

在家里，当长辈的怎么才能体现出"大"来？一要谨言慎行，说话办事儿要把握分寸，不能跟晚辈打打闹闹，随意乱开玩笑。二要以身作则：凡是要求晚辈不该说的话，自己绝不说；凡是要求晚辈不做的事儿，自己绝不做。

长辈在晚辈面前体现"大"，不是靠摆谱儿、搞"家长制"或者说一不二的霸道，而是靠自身的修养和自尊、自律。从这个角度说，很多老规矩不是"立"出来的，而是"做"出来的。

长者发话才能坐

长者包括长辈，也包括年长于自己的哥哥和姐姐等。

先，就是前的意思。按老规矩，凡是生活中的各种好事儿，一律先由长者来挑选受用，之后，才能轮到幼者。

孔融让梨的故事家喻户晓，妇孺皆知。让梨，意在说明"长者先，幼者后"的规矩，是孩子们从小就应该知道的。

当然，生活中长者先，幼者后的规矩，不仅限于此，居家的举止言谈，行动坐卧，都是如此。

比如"说"，家里讨论要办什么事儿，在拿主意的时候，晚辈必须等长辈发表完意见，才能表态。自然，这种表态不能戗茬儿，更不能抬杠，一定要顺着长辈的意思说，也就是"顺情说好话"。

再说说"坐"的规矩，甭管在什么时候，只要晚辈跟长辈在一起，一定要让长辈先落座儿，然后自己恭恭敬敬站在一边，等长辈发话："坐下吧！"这时，晚辈才能找地儿坐下。

还有一样儿——晚辈坐的位置，其高度不能超过长者。换句话说，晚辈一定要坐在长辈的下手。

如果长辈不发话怎么办？那您就只能受委屈了。不管什么情况下，长辈不发话，晚辈都不能自己找地儿坐下。没办法，这就是中国人的规矩。

站着别倚门儿

近现代以前，都市里的中国人大都住在四合院或大杂院里，所以，说到"门儿"，主要是指家门儿和院门儿。倚，是偏着身子靠的意思。不倚门儿，就是不能歪着身子靠在门框上，也不能倚在门板上。

这是当长辈的教育晚辈，从小就必须做到的老规矩，也是中国人日常生活的大忌。

为什么中国人忌讳倚门呢？

一是歪着身子靠着门框或门板，样子太难看。不文明，也不雅观，用北京话说，看上去比较匪气（土匪之气）。如果倚门跟人说话，不但有损自身形象，也是对对方的不尊不敬。

二是在中国人看来，倚门是妓院妓女特有的动作和姿势。古时，中国大城市的三四等妓院和一些暗门子（暗娼）的妓女，为了招揽客人，通常浓妆艳抹地倚着门，嬉皮笑脸地拉客。这种姿势几乎成了窑姐儿（妓女）的标志性动作。

所以，中国人特别忌讳家里人倚门。长辈会在晚辈很小的时候就给其立下这个老规矩。

千万不能踩门槛儿

门槛儿，是门框下边儿挨着地面的横木。中国人的四合院以及平房大多是木头门。我们通常说的门，实际上是由四部分组成，即门板、门框、门楣和门槛儿。

这四部分，各有各的功能，缺一不可，但以门槛儿为重。如果门板是敞开的，进门或出门，在门里还是在门外，都是以门槛儿为界的。换句话说：迈过了门槛儿，才算出门或进门，所以中国人对门槛儿很当回事儿。

中国人的生活理念，多少带有一些迷信色彩。门槛儿的"槛儿"，让北京人说就要带儿化音了。

"槛"字加儿化音以后，跟"坎儿"的儿化音同音。而"坎儿"的字义，除了土坎儿之外，还有当口儿、节骨眼儿（最紧要的地方和时机）的含义。这就使门槛儿具有非同一般的寓意。

换句话说，门槛儿就如同是一道坎儿。所以，踩门槛儿，就如同踩到了坎儿上。按迷信的说法，坎儿是劫数。您踩坎儿，就意味着您会遇到坎儿，而且这个坎儿，还迈不过去。您说这不是找倒霉吗？

因此，中国人有个规矩，甭管谁，都不能踩门槛儿。搬东西的话，碰上重物，实在不好搬，宁肯不搬，也不能中途把东西撂在门槛儿上。您想谁愿意碰到坎儿呀！

中国人说"过门槛儿"的时候，实际上是说"迈门槛儿"。一个"迈"字儿，反映出中国人对"坎儿"的畏惧。

有关不能踩门槛儿的老规矩，还有一种说法：门槛儿的"槛儿"跟"坎"同义。"坎"是八卦之一，代表水。水主财运。您把主财运的"坎"给踩了，这辈子还想发财？门儿也没有！

一般的老百姓，谁不想发财呀？踩了门槛儿，一辈子受穷。

门槛

甭管您是谁

去北京人家的

门槛 都不能

踩 这是老北

京早就有的

规矩

谁愿意犯这忌呀？所以，家里的孩子刚会走，当长辈的就嘱咐他，不能踩门槛儿，更不能坐门槛儿。

其实，不光是老百姓家里有这规矩，过去，包括皇帝在内，朝廷里的皇亲国戚和文武大臣，都有不能踩门槛儿的规矩。

有皇帝的年代，朝廷专门有负责制定、颁布和操演各种礼仪的"礼部"。所有新到都城任职的官吏，先要到礼部接受培训，弄明白各种规矩，才能觐见皇上。

在这些礼节和礼数中，就有进宫时不能踩踏任何宫门的门槛儿。违者，不是摘纱帽翅儿的事儿，而是脑袋要挪地方。想想吧，踩门槛儿是多大的罪？

历史上，还没有出现一个因为踩门槛儿掉脑袋的人。当然，谁也不会那么傻，明明知道要被杀头，偏偏去踩门槛儿。

出门前要言语一声

"出必告"是《弟子规》里的一句话。说的是孩子如果出门，一定要跟父母说一声，你是只在门口玩一会儿，还是到同学家去玩儿，总之要让家里人知道。

《弟子规》原名《训蒙文》。所谓"训蒙"，就是训诫和开蒙的意思。换句话说，他的这些话是给小孩儿写的。

《训蒙文》出自清朝康熙年间的学者李毓秀之手。它实际上写的是关于弟子们的生活起居、日常学习和待人接物的行为规范。

他写此文的依据是《论语》里的"学而"篇。

"学而"篇里有这样一段话：弟子"入则孝，出则悌，谨而信，泛爱众，而亲仁，行有余力，则以学文"。

后来，在乾隆时期，教育家贾存仁对《训蒙文》进行了修改，并且改名叫《弟子规》。这么一改，使它更像是《学生守则》。当然它比《学生守则》要更具体和全面。

《弟子规》有360句，一共1080个字，跟《三字经》《百家姓》《名贤集》等蒙学读物一样，当年都是念私塾的学生必读的。

《弟子规》里说的一些规矩很具体，"出必告"就是其中的例子。

什么叫"出必告"呢？就是您在家如果要出门的话，要跟长辈说一声。

"告"，是告之的意思，你要出门找同学、看电影、上街买东西等，总之，不管你出门干什么，一定要让人知道。长辈不在，也要跟家里的其他人说一声。

当然，这个"告"字，只是让人知道你出门的意思，并不一定是告诉家长你出门具体干什么。

生活中，每个人都有自己的隐私，包括未成年的孩子，也有不愿意告诉家长的事儿。其实，家长也要允许自己的孩子有隐私，所以孩子去哪儿，没必要一定要问明白。

在现实生活中，"出必告"并不只局限于孩子，或者局限于在家。您在办公室或其他场合，只要有人跟您在一起，您出门办事，都应该告知一下。

出门要言语

出门要言语

世北京人
出门有事
要言语
一声让家
人知道你
去什么地方
了　渔方
罗罗发人物并题於京华

这样做，一是对人的一种尊重，眼里有人。二是您告诉人家要出门办事，如果再有人找你，人家可以帮你支应或关照一下。三是预防万一，您出门时言语一声，让人知道你干什么去了，万一您在外面有什么意外，同事或朋友也会随时帮你告诉家人，或替您想办法的。

现在是网络时代，虽然一部手机可以解决许多问题，但"出必告"的规矩还是不能丢。

回家别忘打照面儿

"反必面"出自《弟子规》，跟"出必告"是相对应的。一个说的是出门，一个说的是进门。

什么叫"反必面"呢？简单点儿说，就是您从外面回来，要跟长辈或家里其他成员打个照面儿。

这个照面的含义是告诉他们，我平安无事，全须全尾儿地回来了，您敬请放心。

为什么出门时言语一声就行，回家时一定要"面告"呢？原来这里是有微妙的区别的。

您在出门前是跟长辈或家里的其他成员在一起的，所以，他们知道您出门前的情况。但您从外面回来就不一样了，因为您在外面会遇到什么情况，家里人并不知道。

/ 中国人的规矩

俗话说人有旦夕祸福。谁也不敢保证自己出门办事会万无一失，所以从外面回来，要跟长辈打个照面，当面验证一下自己没事儿。

父母的舐犊之情，往往体现在日常的牵挂中，尤其是对未成年的儿童和少年。他们在生活中的一些活动，往往会被父母挂念。所以，"反必面"也意味着让自己的父母放心。

"反必面"的规矩恐怕许多人都知道，因为从小父母就是这么教育我们的。但在现实生活中，这个规矩却常常被人所忽视。

尤其是当您忙起来的时候，往往会来去匆匆，进出随意，虽然家里有父母，办公室里有同事，您却视而不见，见而不语，让人感到您目中无人。

其实，这并不是多费工夫的事儿。"反必面"只是您跟长辈打个招呼，说句话的事儿。这有什么难的呢？

可是，这么一个小小的举动您做了，就会显得您懂事儿懂礼，不但目中有人，而且心中有人，自然会被人高看。您说何乐而不为呢？

听见喊声您得答应

《弟子规》里有句话："父母呼，应勿缓。"这句话的意思是说父母叫你的时候，您要赶紧答应，不能迟缓。

这个规矩说起来好像不言自明。在日常生活中，别说您的父母了，就是一般的同事或者邻居喊您一声，您也得答应，是不是呀？

但在生活中，有些应该的事儿恰恰是容易让我们忽略的。就拿这个"应勿缓"来说吧，常常有父母喊您，您半天不言语的时候。

为什么父母喊您，您不答应呢？可能有各种原因，比如您正在做作业，正在玩电脑，正在看手机，正在跟朋友说话，正在干手里的活儿，等等，恰恰这个时候，父母叫您，您可能就懒得答应或不愿意答应。

想想吧，生活中，有没有这样的情景？

老实说，这种情况还不少呢。其实，这种情景在古代就有，否则的话，那位贾存仁先生也不会把这茬儿写到《弟子规》里。

"父母呼，应勿缓。"说起来，这是再简单不过的事情了，您的父母叫您，您听见了，随口答应一声不就结了吗？

也许您会担心父母叫您，是想让您干什么事儿，所以不愿意答应。其实，这根本不是理由。您有什么事儿，只要您跟父母说清楚，他们能强人所难吗？

一般来说，父母对待自己的孩子都会通情达理的，他喊你即便有事儿，也绝对不会让你为难。但是，假如父母喊您，您不立即应答，那就是您的不对了。起码是对自己的父母不尊重。

《弟子规》里说的是"父母呼，应勿缓。""应勿缓"就是赶紧答应，不能让父母着急。

因为叫你，你不言声，父母也不知道你那儿出了什么情况。

您这儿不着急，他那儿可就急了。所以，再怎么着，您也不能让父母着急呀。

这条规矩不但适用"父母呼"，也适用于所有人的"呼"。您的朋友、同学、单位同事喊您，您得赶紧答应一声。这是一种礼貌，也是对人的尊重。

不能在长辈面前耷拉脸

每个人都有不顺心的时候，当然心里的不悦，自然会在脸上流露出来，俗话说"相由心生"嘛。

有些性情中人，性格直率，心里有什么，嘴上就说什么，而且脸也跟着耷拉下来。犯性子挂出相儿来，说起来，属于性格使然，算不上是什么缺点，但是这要分场合。

晚辈心里再有什么委屈，在长辈面前也不能耷拉脸，为什么？

首先，您在长辈面前耷拉脸，长辈会以为您在跟他怄气。其实您是跟别人在闹别扭，这无形中在给老人心里添堵。

其次，假如您平时不跟长辈一起生活，见他一次不容易，您耷拉着脸，会让长辈心里对您有疑惑，人老了往往心胸会变窄，他心里难免会犯嘀咕，我怎么得罪他了呢？等于给老人心里添病。

孝顺老人，一定要讲究那个"顺"字。所谓"顺"，就是让长辈顺心。顺心就是让长辈开心。您说您要是耷拉着脸，谁看了能够开心呢？

明白这个道理，您心里再有多大委屈，在长辈面前也要绷着点儿，没有笑脸，也不能让他们看到自己没有笑模样，耷拉着脸。

别跟晚辈拍老腔儿

拍老腔儿是一句北京土话，"老"是老者之意。所谓老腔儿，就是跟年轻人说话时，以老前辈自居，自以为有学问，拿腔拿调或者装腔作势。

这里有两种情况，一种是自己上了年纪，是真老，而且也真有学问，说话居高临下。

另一种是人并不老，学问上一瓶子不满，半瓶子晃荡，但为了显示自己的学问，有意拿老腔儿说话。

但不管是哪种情况，拍老腔儿都是不招人待见的。正因为如此，北京有个老规矩，甭管跟谁，都别拍老腔儿。

有人以为：中国人的规矩是老人给年轻人立的，主要是用来约束年轻人。这是一种误会。规矩本身没有特权，是每个人的行为规范，当然也包括老人。不能拍老腔儿，就是针对老人的一种行为规范。

人上了年纪，是应当受到年轻人尊重的，毕竟老年人见多识广，阅历深厚，经验丰富，特别是在专业领域，人越老越值钱。一个家庭也如是，家有一老，赛过一宝。

老人像一艘宁静的古船，年轻人在心浮气躁或者心里没着没落

/ 中国人的规矩

别拿老腔儿 是参北京土话，老腔儿是长者之意。跟年青人说话时以三前辈自居，拿腔拿调或装腔作势，有失长者风范。滴方罗旧京人物并受求京华南城陶然亭畔

的时候，听一听老人的教诲，就像踏上了一艘宁静的古船，您会找到一种安稳与宁静。

老人又像是一棵参天大树，他会为我们遮风挡雨，当您在社会上受到了不公正的待遇，心里有许多委屈与怨恨，在这棵大树下，您会得到安慰与解脱。

其实，在现实生活中，年轻人对那些德高望重，修行高深的老年人是充满敬畏之心的。

但老年人也要自己持重，在年轻人面前，不能倚老卖老。人要想得到别人的尊重，首先得尊重别人。不尊重别人，只想让别人尊重自己，跟人说话拍老腔儿，最后的结果，只能是让人敬而远之，甚至让人"听"而生畏。

别当着外人数落孩子

数落是中国人的土话，带有教训和训斥的意思，但这种训斥不是说两句就完了，而是絮絮叨叨，没完没了。"数"，是数数儿的"数"。

中国人的孩子，就怕挨大人的数落，不但心里起腻，烦得慌，而且耳朵也跟着受罪。

中国人"护犊子"，孩子有了错儿，父母会觉得自己再怎么数落都是应该的，但别人不能插嘴。自己的孩子，绝对不能让别人数落。如果外人当着孩子父母的面儿数落孩子，等于是在寒碜人，不给孩子父母面子。相反，亦是如此。

按中国人的规矩，当父母的，绝对不能当着外人数落自己的孩子，即便孩子有天大的错儿，也要回家再说，不能在外人面前动嘴说，更不能动手打。

为什么有这规矩？一是中国人讲究脸面，面子大于一切。在外人面前数落孩子，是非常丢面子的事儿。孩子在外面犯了错儿，人们常说："你让我这张脸往哪搁呀？"大人尚且如此，更何况在外人面前遭到数落的孩子？

二是因为孩子是家长的影子，孩子好赖，直接反映门风，所以他有错儿，等于当父母的也有错儿。所以，您数落他，等于也在数落自己。

三是给孩子留面子。孩子在成长过程中，犯点生活中的小错儿，是很正常的事儿。当家长的要护自己的孩子，不能伤了他的自尊。当着外人数落自己的孩子，让他丢人现眼，对他今后的成长和做人会有很多不利的影响。

从这个角度看，这个老规矩还是蛮人性化的。

饭前不训子，睡前不训妻

饭前不训子，就是吃饭之前，不能教训孩子。为什么呢？因为时间不对。

训子，就是教训或训诫自己的孩子。孩子好好的，您当然不用费这唇舌。肯定是孩子犯了错儿，惹您不高兴了，您才会有训子的冲动。

父母教训孩子的目的，是让他知错改错，带有下不为例的意思。对教育孩子的家长来说，这本无可厚非。

但是家长教育自己的孩子，要分场合、地点和时间。

吃饭本来是高兴的事，本来孩子看着一桌热气腾腾的饭菜，肚子里馋虫不由自主地爬了出来，小眼巴巴，恨不得赶紧上桌动筷子。偏偏这时候，您的脸耷拉下来，把孩子叫过去，把孩子教训一番。

当然您教训了孩子，把憋在心里的"毒火"发泄出来，心里也痛快了，但孩子呢？

您把他数落一顿，他心里能痛快吗？也许心里一堆委屈，同时也怄着气。这时候还有食欲吗？即便是含着眼泪上了饭桌，这顿饭能吃舒服吗？

曾经有一个女孩子，吃饭的时候豌豆卡在了嗓子眼，差点要了小命。事后才知道吃饭之前，她母亲因为她考试成绩不理想，把她教训了一顿。

当然，生着气吃饭，对人的肠胃和消化系统都有很大的危害。正是如此，老辈人才留下了"饭前不训子"的训诫。

"睡前不训妻"也是同样的道理。您跟妻子有意见，也不能睡觉前发泄不满，训完媳妇，您嘴头子痛快了，妻子的感受您想过吗？碰上心眼小的，她一宿都睡不着觉。同床异梦，她睡不着觉，您能踏实吗？

再者说，您招惹了媳妇，媳妇就那么顺从，俯首帖耳地受您训

　　　　　　　　／ 中国人的规矩

斥？弄不好，她一赌气，把您给轰外头待着去了。

所以说，两口子有意见，千万别睡觉前说，心里有火也要压一下，第二天天亮再说。保不齐睡一宿觉，什么意见都没了呢。

需要说明的是"睡前不训妻"是老规矩。现在社会进步了，男女的地位是平等的，夫妻之间有矛盾有意见是很正常的事，双方相互磨合一下就能解决，谈不上谁训谁。

但从人的生理健康的角度说，"睡前不训妻"还是合理的，只不过这个"训"字要改成"语"字，即跟妻子说话态度要好点儿，不然，您可要跪搓衣板了。

疼"老疙瘩"要适度

"老疙瘩"，就是家里最小的孩子。不过，在北京土话里，并不是把家里最小的孩子都叫"老疙瘩"。

"老"是最后或最小的意思，"疙瘩"带有可人疼（疼爱）的含义。这里涉及兄弟姐妹之间的"年龄差"的问题。那会儿中国人没有计划生育这一说，也没有什么避孕措施，所以在有的家庭，老大（第一个孩子）跟老小（最小的孩子）有时相差十多岁，甚至二三十岁。

通常这种跟老大相差十多岁或二三十岁的老小，才有资格叫"老疙瘩"。多数"老疙瘩"属于父母的意外"收获"，也就是本不打算要，却意外地有了。因此，"老疙瘩"在家里的地位比较特

疼老疙瘩

爱的含义是当妈的贴身小棉袄

海芳作

三老疙瘩，就是家里最小的孩子，带有可人疼

/ 中国人的规矩

殊。有的老大已经结婚，有了孩子，父母又生了个"老疙瘩"，所以，"老疙瘩"在年龄上跟老大会差着一代人。但萝卜虽小，却长在辈儿（陂儿）上。

按中国人的规矩，除了父母，家里人都要照顾这位"老疙瘩"。北京有句老话："老疙瘩（老闺女）是当妈的贴身小棉袄。"自然，"贴身的小棉袄"要受到父母的疼爱。疼"老疙瘩"是中国人在论的（天经地义的）。

从这个老规矩，可以看出中国人的仁义和礼数。疼"老疙瘩"，实际上，意味着对弱小者的格外关照。

当然，父母如果对这"老疙瘩"没有原则地宠溺，也是不可取的，会给孩子的人生带来更大的问题，所以，疼"老疙瘩"要适度。

夜里出声要留神

出声就是说话。为什么夜里出声要当心呢？这主要说的是您家的"夜生活"。

夜是太阳西沉、大地归宁、万物休眠的时候。夜深人静，人们都进入梦乡，此时最忌讳的就是有人大声说话。

当然，深更半夜，如果您大嗓门儿地说笑甚至高声叫喊，很可能会把正做梦的人给惊着？所以，这时候大嗓门儿说话可要当心了。

因为，这个钟点，您以为说的话是真心坦露，但对街坊四邻而言却是噪声了。

您如果住的是社区公寓，也就是俗称的单元楼，或者您住在平房大杂院，按说在自家的屋里活动，应该享受充分的自由空间了。没错儿，您在自己家愿意怎么折腾没人管，但什么事都有一个底线，如果您说话的嗓音高八度，您的动静弄得太大，就是骚扰街坊四邻了。

现在人们生活富裕了，有钱也有闲了，约上三五好友，或同事或同学，在家里搞个小"派对"，是司空见惯的事儿。

朋友聚会，少不了要说说笑笑，有时兴之所至还要引吭高歌。这种家庭聚会如果持续一会儿，街坊四邻也说不出什么来，但如果是没完没了，一直折腾到午夜，那可就坏了规矩了。

所以说，您在家里撒欢也要有所节制，考虑街坊四邻的感受，不能您的嗓子眼痛快了，却给街坊四邻"上刑"。通常，入夜以后，按照正常作息时间就该上床睡觉了，因为第二天还要上班上学。

这个时候，如果小两口子还想交流一下感情，说点儿体己的话，那么最好把嗓音降下来，不要影响别人睡觉。

至于说有大事儿要商量，假如不是火上房或者孩子掉井这样的急茬儿，您最好第二天天亮再说。因为天大的事儿，您睡觉之前念叨，说了也白说，夜深人静，大伙儿都在做着美梦呢，您还能干什么事呀？

与其这样，还不如一觉解千愁，干脆踏踏实实先睡觉，养足了精神再说。这样做，您还不扰民。

/ 中国人的规矩

家丑不可外扬

"家丑不可外扬"是中国的一句老话。所谓家丑，并不都是丑事儿。这里的"丑"，实际上指的是不愿意让外人知道的隐私。

大多数中国人死要面子活受罪，许多家事，是不愿意让别人知道的，所以给家里的孩子们，迄小儿就立下了这个老规矩。

其实，孩子在小的时候，并不知道什么是家丑。所谓的家丑，是大人们一点一点儿教的。比如儿媳跟婆婆闹别扭，婆婆数落儿媳妇一通，儿媳妇自然会觉得这不是什么光彩的事儿，所以便嘱咐自己的孩子："我跟你奶奶拌嘴的事儿，可别往外说。说出去让人家笑话。"

孩子们正是通过这一点一滴的教化，懂得了什么是"家丑"，以及家丑为什么不可外扬。

家丑不可外扬，反映了中国人爱面子的传统，也能从中看出中国人对家庭隐私的在意。既然人家不愿意扬（说）自己的"家丑"，那么，外人也应该尊重人家的隐私权，跟人聊家长里短的时候，要留意这一点。

比如人家刚刚离婚，或者孩子没考上大学，或者家人出了车祸……人家觉得这些都是隐痛，不愿意示人。您跟人家见了面，可能要聊一些家常，当问到他爱人、孩子或家里什么人的时候，人家吞吞吐吐或闪烁其词。实际上，这就是人家的难言之隐。您一看到人家这种表情，就不要再接着往下问了。

家丑不可外扬，并没有什么不是。按中国人的规矩，就应当如此。既然您觉得这是"家丑"，何必要外扬呢？

外人面前要拘面儿

所谓拘面儿，是指当长辈的，平时在家里不能倚老卖老，放任自己，在许多方面对自己要有所约束，要维护自己当长辈的尊严。这种尊严也就是平时所说的面子。用中国人话说：当老家儿的在自己孩子们面前，得拘着点儿。

在晚辈面前拘面儿，也是中国人的规矩。您可能要问上一句了：什么叫拘面儿？这面儿怎么个拘法？拘面儿是一种老规矩。这种规矩在现实生活中逐步形成了一种理念，其中涉及规避隐私、礼义廉耻、风土民情、家教门风、尊严形象等行为规范。

例如，夏天很热，但天儿再热，当长辈的在家里也不能赤膊（光膀子），因为家里还有儿媳、姑爷等孙男弟女，您再热，也得忍着点儿。当着儿媳妇的面光膀子，不但您坏了老规矩，同时也会让您儿媳妇难堪。

所以，中国人发明了"汗褡儿"。所谓"汗褡儿"，就是拿两块粗白布，两边儿各用三根绳连起来，像跨栏背心似的简易背心，既凉快，又能蔽体。

中国人曾流传过这么一个笑话。纪晓岚在领衔编写《四库全书》的时候，逢酷暑难耐。他本来就胖，热得他几乎晕厥，万不得已，他脱了官衣，光了膀子。恰在这时，乾隆爷来了，他来不及穿衣裳，吓得赶紧钻到了桌子底下。

乾隆爷有意捉弄他，装作没看见。过了一会儿，纪晓岚在桌下窝得实在受不了了，大声问："老头子走了吗？"

乾隆爷听了这句话，嗔怒道："老头子在呢。"

纪晓岚吓得从桌子底下爬出来，赶紧穿上衣服，给皇上磕头谢罪。乾隆爷问道："你在朕面前光膀子，这该当何罪？"

纪晓岚说："这是大不敬之罪，该杀。"

乾隆爷又问："你说朕是老头子，这又该当何罪？"

纪晓岚说："这是辱君之罪，该杀。"

乾隆爷说："你犯了两条该杀之罪，朕让你说说为什么要叫我老头子？说得上来，朕免你一死。说不上来，就杀无赦。"

纪晓岚稳了稳神，淡然一笑说："老头子仨字儿是敬语，天下人只有您配得上这仨字。"

乾隆爷问道："那你给朕说说这仨字怎么个讲法？"

纪晓岚不慌不忙地说道："老，是对德高望重的大人物的尊称，比方说李聃不叫李聃，叫老子。您是真龙天子，尊您为老，不是实至名归吗？头儿，是领头的意思，您是至高无上的皇上，当然是天下最大的头儿了。子，是对有学问的人的尊称，比如孔丘，尊称孔子，还有孟子、庄子、墨子、孙武子，您的学问盖世无双，称您为子，理所当然。"

纪晓岚凭三寸不烂之舌的这番解释，把乾隆爷说美了，自然免了杀身之祸。

通过这个意在说明纪晓岚智慧的笑话，我们可以看到，中国人对光膀子和尊称，看得有多么重要。

其实，在现实生活中，长辈在晚辈面前，许多事都要拘着点儿，不能过于随意，比如在晚辈面前，说话不能带脏字，不能随随便便评论人，不能赤身露体，不能打嗝儿、放屁、吧唧嘴等。

用中国人的话说，当长辈的要自尊自重，自己拿自己当回事儿，别在晚辈面前没德性，也别在晚辈面前散德性。

也许您在一些书里、画儿里或影视剧里，看过中国人光膀子的样子。其实，那是在特定的场合，在大庭广众之下，有素质的中国人绝对不会光膀子的，即便天儿再热，也不会赤身。

中国人是非常讲究脸面的。您忘了形容国人性格的那句话了：死要面子活受罪。没错儿，很多中国人把脸面看得比什么都重要。人的脸，树的皮嘛。

所以，在讲究的中国人的家里，一般不会出现长辈光膀子的镜头，即便家里穷得揭不开锅，也要缝件"汗褟儿"，除非家里是"光棍儿堂"（父子都没结婚），那得另当别论了。

中国人很重视"德性"这两个字，我们说的一些老规矩，也属于"德性"的范畴。其实"德性"也好，"规矩"也罢，说来说去，都是告诉人们在生活中什么能做，什么不能做。

长辈的威信是靠日积月累、一点一滴树立起来的，长辈的尊严也是靠潜移默化、天长日久的教化确立的。

因此，长辈在晚辈面前，一定要注意生活小节。按中国人的规矩，有些言行，您在晚辈面前要拘面儿。

不孝之人不能交

孝敬父母，孝敬老人，是中华民族的传统美德，也是做人的基本要求。为啥这么说？道理再简单不过了：没有您的父母，就没有您。

《孝经》里，孔子说："夫孝，天之经也，地之义也，民之行也。天地之经，而民是则之。则天之明，因地之利，以顺天下。"

您看，孔子把孝看得有多么重要。他说的意思是，孝敬父母是天经地义的事儿，如果天下的老百姓，都能顺应天意来行孝，那还有什么可着急的呀？

在中国的传统民俗里，结婚的仪式不叫婚礼，叫"拜天地"。平时，人们说到小两口结婚了，往往要说："俩人已经拜了天地。""拜天地"的仪式包括：一拜天地，二拜高堂，三是夫妻互拜。

天地是养育人类的根基，没有天地，就没有万物，包括我们人类。高堂，就是父母，没有他们，我们从何而来？所以在新婚之时必须拜高堂。那时的拜，不是鞠个躬、献杯茶的事儿，得跪在地上，真磕头。由此可知父母在儿女生活中的地位。

老话说："百善孝为先。"这里的"善"字，指的不是善良，是好的意思。这句话是说，这也好，那也好，您就是有一百种好儿，但必须以孝敬父母为先。如果您不孝敬父母，那么您的其他好儿也等于白饶。

中国人对这个"孝"字，看得格外重。因为北京曾是六朝古都，也是首善之区。这里的"善"也是好的意思，首善就是第一好。

《颜氏家训》里说："父母威严而有慈，则子女畏慎而生孝矣。"为什么中国人这么重视"孝"？因为"孝"是衡量一个人仁、义、礼、智、信的基本准绳。同时，从皇上到一般官吏，直到普通百姓，都把这个"孝"字看得比什么都重要。

这一点，从过去历朝历代的"丁忧"制度就可以看出来。什么叫"丁忧"？就是自己的父母死了。按历朝历代的规定，不管您是多大的官儿，只要是您的父母去世了，您都要临时卸任，回老家守孝三年。

这是一点儿商量余地都没有的事儿，即便是您身负国家重任，率领千军万马在边关打仗，您也要回老家赴"丁忧"。

您说那会儿的人，上至国家，下至平民百姓，对父母有多么孝敬吧。北京人在皇上眼皮底下生活，知道"丁忧"制度之严格，又是首善之区，因此，"孝"已深入到人们的骨血里了。

中国人说到孝，不说"孝敬"，而说"孝顺"，虽然是一字之差，但意义大不一样。什么叫"孝顺"？就是父母说的一切，都要百依百顺，一点儿不打折扣。而且在父母面前要时时处处顺情说好话。

从前，中国人说谁谁不孝顺。您看好了，可不是说他招父母不高兴，或骂了父母，或打了父母。打骂父母，敢？那当儿是要掉脑袋的。所谓不孝顺，就是父母说什么，他没听，甚至跟父母抬杠。

在中国人看来，谁如果被人说不孝顺父母，那名声比您蹲了几年大狱还让人所不耻，走到哪儿，都让人戳后脊梁骨。而且，家里的老人绝对不让自己的孩子，跟这种不孝顺老人的人接触，更不许跟这种人交朋友。

中国人说：他连自己的父母都不孝顺，能对你好吗？这样的人头儿（人品），谁能跟他相处。所以，中国人有个规矩：不孝顺的人不可交。

兄弟姐妹要讲"让"字

"让"的繁体是"讓"。您看一个字里有三个口。为什么这么多"口"字呢？

也许古人在造字的时候，想到了真能做到这个"讓"，还是比较难的，所以得用三张嘴来念叨这事儿。

这个"让"字，如果用到兄弟姐妹这儿，再合适不过了。孔融四岁就知道"让梨"，即吃梨挑小的，大的留给哥哥吃。

"让"体现的不仅是仁德，也是规矩。这个规矩就是"长者先，幼者后"。

为什么兄弟姐妹之间要讲究"让"字呢？因为相互之间不让着点儿，很可能就会掐起来。

甭管是兄弟，还是姐妹，都是一母同胞。当然，也有特殊情况，比如是同父异母或同母异父等。但不论是哪种情况，只要是

　　　　　　　　　　　　　　/ 中国人的规矩

在一个锅里吃饭，在一个屋檐下喘气，都是一家人。一家人的兄弟姐妹，都应该有"让"的精神。

老事年间，一大家子人是在一起生活的，现在都讲究各自为家。兄弟姐妹成年以后，都各自组建了家庭。有的大学毕业分配到了外地，有的到外地做生意或找了外地的媳妇，在外地落了户，从居家过日子来说，相互之间离得远了。

其实，不管离得远近，兄弟姐妹之间的骨肉之情是断不了的。当然，要维护兄弟姐妹之间的感情，离不开这个"让"字。

近年来，因城市改造、祖产房屋拆迁资金补偿分配或父母遗产分割等而闹得兄弟反目、姐妹成仇的事屡见报端，网上这类视频也很多。

其实，这都是钱惹的祸。老话说得好，十个指头还不一般齐呢。父母遗产的分配，要想完全一碗水端平、分毫不差，确实比较难。在父母遗产的分配上，兄弟姐妹之间肯定有占便宜，也有吃亏的。

曾经在电视上看过一个调解家务纠纷的节目，兄弟姐妹六人，为了争夺父亲留下来的两间房，相互打得不可开交，昔日的手足之情不讲了，兄妹都撕破了脸，最后还上了法院。

我详细地分析了他们闹腾的原因，其实，争来争去也就是几万元钱的事儿。如果有人能站出来，提出为了兄弟姐妹的这份感情，我一分钱不要了。我想他们的矛盾就会迎刃而解。

我认识一个朋友，他是大学老师，夫人是公务员，两口子带一个读初中的孩子，按说生活也不算太富裕。

前些年，他父亲去世，留下一笔还算丰厚的遗产——在老家长沙市中心的一套三居室楼房，市场估价300多万元。此外，他父亲还有200多万元的存款。

我这位朋友有一个哥哥和两个姐姐，四个人分这笔钱，他至少能拿到100多万元。

但房子是他大姐一家住着。父亲生前一直由大姐照看，大姐的工作单位不景气，她买断工龄后没再出去上班。大姐夫身体不好，病退在家十几年了。他们有一个在上大学的儿子，日子过得紧紧巴巴。

他哥哥在一家研究所工作，条件相对要好。他妹妹的条件最差，前几年出车祸，骨盆摔裂，一直在家，而她丈夫一年前又查出了肺癌，孩子还在上小学。

我的朋友回老家处理父亲遗产，面对姐姐妹妹的家庭状况，跟他哥哥提出，父亲的房子留给大姐接着住，父亲留下的200万元存款，他放弃继承，由他们三个均分。

他哥哥看他这么大度，想想姐姐妹妹的生活条件，觉得跟她们争遗产太没意义，于是也提出了放弃继承权，200万元存款由姐姐和妹妹均分，哥儿俩为此还做了公证。

大姐见状，觉得自己住着父亲留下来的房子，已经是占了大便宜，再分割那200万元不合适，随后提出那200万元存款由妹妹一个人来继承，正好她丈夫治病需要这笔钱。

您瞧，相互之间这么一让，姐弟四人都挺高兴，本来以为很难的问题，就这么痛痛快快地解决了。

　　　　　　　　　　　　　／　中国人的规矩

我的朋友对我说:"我的收入比姐姐妹妹相对稳定,得到那 100 多万,对我来说也不见得日子能好到哪儿去。 但是当我放弃这笔钱的继承以后,我一下子觉得自己高大起来。"

我问他:"夫人赞成你的做法吗?"

他说:"当然。 她也不希望我们兄妹之间为这点钱伤了骨肉之情。 钱得到了,但兄妹的情谊将不复存在,这种伤害是刻骨铭心的。 不要这 100 多万元,我心里很坦然,给的也不是外人,他们日子过得好,我看了也高兴。 现在我们兄弟姐妹的关系维系得特别好。"

这位朋友一个"让"字,化解了多少矛盾呀! 生活中,我们往往为了一点儿个人的私利,伤害了兄弟姐妹的情谊,这样做实在得不偿失。

您别忘了兄弟姐妹之间的情谊,可是心血相通,骨肉相连呀! 所以,老规矩里提倡"让"字是有道理的。

要常回家看看

车行是个作曲家,1995 年他父亲去世。 在为父亲送行的时候,他望着父亲的遗像,想起父亲进入老年后的样子,猛然发现这些年在外面奔波劳碌,跟父亲和家里人在一起的时候太少了。 这触发了他的伤感。

他认为,人们应该在父母健在的时候多些时间陪伴他们,这样他们离开人世的时候，自己的内心就没有遗憾了。从那时起，他就想写一首歌表达这种情怀。

终于，他在1996年写出了《常回家看看》的歌词。1998年，他将这首歌词寄给了戚建波。戚建波被他的歌词感动得流下了眼泪，在一种激情和亢奋中，只用了十分多钟就把这首歌的曲子谱了出来。

1999年的央视春晚，由陈红演唱的这首歌感动了无数人，很快就唱遍了大江南北。

为什么这首歌这么让人感动呢？因为它触动了人们情感世界里那根最脆弱的弦儿。

找点空闲，找点时间，

领着孩子常回家看看。

带上笑容，带上祝愿，

陪同爱人，常回家看看。

妈妈准备了一些唠叨，

爸爸张罗了一桌好饭。

生活的烦恼跟妈妈说说，

工作的事情向爸爸谈谈。

常回家看看，回家看看，

哪怕给妈妈刷刷筷子洗洗碗……

歌词写得朴实无华，说的都是大白话，但语言真切生动，表达了人们的心声。

在现代社会，人们都讲究有自己独立的生活空间，所以，年轻人结婚后都自己单过，即便是单身的年轻人也不愿意"黏老"，都希望寻找属于自己的生活空间。这样一来，"家"的概念越来越单一了。

所谓"家"，其实就是父母生活的空间，换句话说，家就是父亲和母亲。人们念叨常回家看看，说白了就是回家看望自己的父母。

天下父母都望子成龙，希望自己的孩子有出息，成名成家，所以不惜一切让他们上好学校，让他们出国留学。不过，孩子真有出息了，离父母也就远了。为什么？

您想您的孩子越有出息，肯定对社会贡献越大，但是当他整天埋头于事业的时候，怎么会有时间和精力去常看您呢？

不过，父母大多都能理解自己的孩子。因为他们知道自己的孩子对社会贡献越大，才越能体现其人生价值，活得才有意义，这当然是父母所希望的。

但是当儿女的应该心里有自己的父母，工作再忙，也要找点空闲，找点时间，常回家看看。

虽然现在是网络时代了，平时可以通过互联网跟父母联系，互通感情，但是毕竟不是在父母身边呀！

车行是父亲离世之后才后悔没有常回家看看，跟老父亲聊聊天，说说话。相信很多人都有这种感触。

难道我们真的没有一点儿空闲，回家看看自己的父母吗？实际上并非如此。只要您心里牵挂着自己的父母，这点儿时间总能挤出来的。

其实，常回家看看是一个老规矩。梁启超有九个子女，在他的教育下，九个孩子个个成才。

他的儿子中有建筑学专家梁思成、考古学专家梁思永、火箭控制系统专家梁思礼，三人都是中国科学院的院士，让梁家有"一门三院士"之誉。此外，梁启超的四儿子梁思达是经济学专家，次女梁思庄是图书馆学专家，三女儿梁思懿是社会活动家。

梁启超对子女的教育非常严格，这一点您从《梁启超家书》中就能体会到。他就给子女立下一个规矩：要常回家看看。如果工作和学习实在脱不开身，也要定期给他写封信。

他在 1927 年 6 月写给子女的信里说："你们须知你爹爹是最富于感情的人，你们无论功课如何繁忙，最少隔个把月总要来一封信，便几个字报报平安也好。"

您瞧，他规定孩子们再忙，也要写信报平安。当然，老爹立的规矩，孩子们哪敢不听，所以常回家看看和定期给父亲写信，成了梁家的传统。

您别忘了，梁先生可是有九个孩子呀！正是在他的悉心教育下，这些孩子才个个有出息的。

街门贴字要懂规矩

街门就是院门。过去，中国人大都住四合院或大杂院，院子里有许多门儿，两进（两个院子）或三进的大四合院，还有垂花门儿或月亮门儿等。过去的中国人常说："大家闺秀，大门不出，二门不迈。""二门"指的就是这个门儿。

一个院子，可以有许多门，但院子的大门，也就是街门，却只有一个，其他院门只能叫旁门。

在北京土话里，街门跟城门一样，是不带儿化音的，但院子里的门儿，如垂花门儿、屋门儿等，是必须加儿化音的。为什么？因为街门比其他门大，其次街门的位置比较庄重、严肃。

正因为如此，按中国人的规矩，街门是不能随便乱写乱画的。街门如同一个院子的"脸面"，人们往往从街门的格局（规格）和街门的其他符号（如门楼上的雕饰、门板上的楹联、门环、门墩）等来判断主人的门第（地位和身份）及门风。

在中国的城市，街门也是一个家庭的信息窗口。按中国人的规矩，家里有了什么大事，往往通过在街门上或门侧张贴告示，来告知街坊四邻及过往的路人。

比如家里人要办婚事，便在街门上张贴喜字儿，后来演变成双喜字儿。喜字一定要一对儿，不能贴单张儿。

再比如家里有人要贺寿（过生日），便在街门张贴一对寿字儿或福字儿。家里有人去世，便在街门张贴白纸黑字儿的白纸条儿，被称为"白事告示"或"报丧条子"，在上面写"×家白事""×宅丧事"或"恕报不周"之类的话。

不管是红事儿（喜事儿），还是白事儿（丧事儿），人们只要看到街门上的字儿，便一目了然，知道这家人在办"大事"。

街门贴字，主要能起两个作用。一是告知。贴字能让人们知

街门贴字 京城讲规矩，街门不能乱写乱画，其实就是一个院子的脸面 浅夕写京城旧景

/ 中国人的规矩

道这家人有了红白喜事。过去，家里有了红白喜事，除了要告诉亲朋好友，还要告诉街坊四邻。街门贴字，也是告知街坊四邻的一种方式。

二是告知路过的人。人们从这个院儿经过，知道人家在办喜事，就不能打打闹闹，哭哭啼啼，给人家添乱。知道人家在办丧事，就不能大声喧哗，说说笑笑，给人家搅局了。

街门贴字的老规矩，现在已经基本失传了。现在过年时在院门贴楹联，以及结婚时在门口贴喜字儿等，跟这个老规矩是两码事儿。结婚贴喜字儿是为了烘托喜庆气氛。

因为现在大多数中国的城市居民，已经住进了单元楼，喜字儿只能贴在单元门口或者小区门口。

其实，住在小区的人并非都知道谁家在办喜事。而贴喜字儿的人，也并不想让更多的人知道自己家在办事儿。时代变了，有些规矩也已经"退休"了。

迎门不能放镜子

中国人居家过日子，有很多忌讳，这些忌讳在老规矩中有所体现。其中，有些老规矩涉及民俗，有些涉及地理人文，还有一些涉及堪舆和风水。

受历史因素的影响，有些老规矩难免带有迷信色彩，所以需要我们加以甄别的比如神位的安置、家具的摆放、花草树木的栽种等，古人有很多说法，绝对不可由着自己的性子随意布局。

另外，有些涉及风水的老规矩及其他一些习俗，因为有着深刻的寓意，所以它们在今天依然有一定的影响，比如关于镜子的摆放。

人们居家过日子，离不开镜子，尤其是有女子的家庭。早在三千多年前，中国人就发明了铜镜，这种铜镜一直用到清朝末年。我们现在用的玻璃镜子，是意大利玻璃工匠达尔卡罗兄弟在1508年发明的，到现在只有六百多年的历史。

古代人对镜子（铜镜）素有敬畏感。明镜高悬，会让人肃穆而立，邪念顿消。古人关于镜子的说法，最有名的是唐太宗的那段名言：“尝谓侍臣曰，夫以铜为镜，可以正衣冠；以史为镜，可以知兴替；以人为镜，可以明得失，朕保此三镜，以防己过。”

敢情镜子的作用这么大，它不光可以正衣冠，知美丑，还可以知人知史。

也许正是由于镜子的这些功能，所以镜子在家里是不可以随便摆放的。特别值得一提的是：迎门不能摆放镜子。这是中国人挺普遍的一个规矩。

说到迎门摆放镜子，自然会聊到风水了。许多老人以及现在的一部分年轻人对房屋的风水非常在意。中国人有许多民谚，如“有钱不住东南房”“有房不挨寺院墙”“好房离庙远，院好不挡眼”“宁住庙前，不住庙后；宁住庙左，不住庙右”等等。

因为中国的城乡寺庙非常多，比如老北京有“三步一庙”的说法，大一点儿的胡同都有庙。

　　　　　　　　　／ 中国人的规矩

庙在中国的风水学中，属于"煞"。此外还有塔、楼、屋顶带尖的房子等，都算是"煞"。如果您住的房子面对或者斜对带"煞"的建筑物，风水先生就会劝您不要住。

但没有别的房子，非住在这儿不可；或者先前住在这儿的时候没有这些建筑，它们是后来才建的。怎么办？风水先生就会让您想办法消"煞"了。

怎么才能消"煞"呢？风水先生会让您重新摆放家具或者调换卧室方向等，但最主要的消"煞"手段，是对着"煞"的方向或者面对大门摆放一面镜子。

于是，问题来了。因为一条胡同或一个大杂院住着几十号人家。而"煞"对着的也不会只是您一家。您家消"煞"迎门摆一面镜子，他家消"煞"迎门摆一面镜子，而且您家的镜子免不了正对着邻居家的大门，等于您把"煞"反射到别人家了。这样照着照着就照出事儿来了。

您想，您把煞反射到谁家，谁不跟您急呀？所以，中国人有个老规矩，不管您家是不是有"煞"，迎门一律不能摆放镜子。

对于信风水的人来说，住家有"煞"，不让摆放镜子怎么消？中国人想了一个招儿：在院门口或者在家里对着门的位置，摆放一块泰山石。

为了消"煞"，您可以在石头上刻五个字：泰山石敢当。当然，也可以摆块石头，上面不刻字。

吃饭之前要座位。
安位就是安排座位定座次。
漫写随意并录。

/ 中国人的规矩

会客篇

——一些宴请宾客和迎来送往的规矩——

聚餐要弄清东道主

有一个词儿叫"做东"，虽然跟"坐东"是同音，但不是一回事儿。"做东"是"做东道主"之意，而"坐东"是坐在东边的意思。

"做东"是中国古代的一个规矩，也是一种礼仪。您的亲朋好友从外地远道而来，您应当设宴款待一下，以尽地主之谊，俗称"东道主"。

"东道主"这个词儿出自《左传》。原话是："若舍郑以为东道主，行李之往来，共其乏困，君亦无所害。"

这段话的意思是：如果您放弃围攻郑国，而把它当成东方的主人，将来贵国有使臣往来，郑国可以随时供给他们缺乏的物资，对您只有好处没有害处。

当时晋国和秦国联合围攻郑国，郑文公派老臣烛之武游说秦国。后来秦穆公被烛之武说服，单独跟秦国签订了合约，晋国无奈也只好退兵。这就是战国时有名的"烛之武退秦师"。

因为秦国在西，郑国在东，所以郑国对秦国来说是"东道主"，后来这个词就泛指招待客人的主人。换句话说，谁掏钱请客谁就是"东道主"，也就是谁做东。

一般来说，请人吃饭，肯定是自掏腰包，也就是说，请客的人就是做东的人。但是，请客做东的事儿有时情况比较复杂。

比如，张三想做东请两位名人，但是张三的人脉够不上这两位名人，于是他便找李四帮忙，邀请这两位名人赴约。

李四请两位名人的时候，往往不便说是张三做东，因为两位名人不认识张三，所以李四只能说是他请客。

其实张三请两位名人，只是想认识一下，照照面而已，没有别的目的。所以，两位名人也吃了也喝了，一直没明白这顿酒席是谁做东。

还有这种情况：朋友、同事或同学聚会，张罗的主儿在电话里透着热情，由不得你不来。来了，也吃了也喝了，最后张罗的主儿才说出今天是谁做东，弄得您挺不好意思。

中国人把聚会和宴请也叫"饭局"。您参加聚会，也就是赴饭局，首先要弄明白谁做东，以及饭局的主题，也就是人家为什么要请您。

否则的话，稀里糊涂地去了，赴的却是"鸿门宴"，那这顿饭还吃得好吗？

按中国人的规矩，请客必须明确谁是"东道主"。您在设饭局并邀请人参加的时候，要明说此局是谁做东，请对方是什么目的。

当然，接受邀请的人也要先问一句："今天的聚会是谁做东？为什么要设这个饭局？都有谁参加？"您千万别以为这么问人家就见外了，短礼了。

其实，这是正常的礼节。您不问这些，才显得您不懂规矩呢。只有弄明白这些情况，您赴饭局心里才踏实，您说是不是？

吃饭之前先"安位"

安位，就是安排座位，或者说定座次。

说起来，这是一个很让人头疼的事儿。有些时候，请客吃饭，钱没少花，饭也吃了，酒也喝了，却惹得客人不高兴。

怎么回事儿？本来应该坐上位的，却安排了下位，伤了自尊。由此可见，安位不是随随便便的小事儿。

其实，上位和下位并无位置的尊卑，却是长幼有序的规矩。任何应酬，包括各种活动、宴会、做客等，都涉及如何安排座位的问题。安位，是非常重要的礼仪。

孔子在《论语》里说："君赐食，必正席先尝之。"咱们的老祖宗非常重视席面上的礼儿，对安位是非常当回事儿的。

安位，首先要确定主位。主位，也是正位。通常主位是坐北朝南，不管方桌还是圆桌，正位都在正中。如此说来，主位就是坐北朝南的正中位置。

但是，在很多场合，特别是宴会，桌子是朝东、朝北或朝西的，这时怎么确定主位呢？按中国人的规矩，主位的确定以门为标志，正对着门的是主位。

主位确定后，再按"尚右"（右为上）的老礼儿依次排座儿。这里，得跟您多聊两句，为什么要以右为上？

说起来，"尚右"的老规矩，从商周时代就有了。所谓"尚右"，就是以右边的位置为尊，室内以西为右，宴请尊贵的客人，要坐西面东。

唐代的赵璘在《因话录》里说："人道尚右，以右为尊。礼先宾客，故西让客，主人在东，盖自卑也。"主人掏银子请客，当然要让客人坐西边，也就是自己的右手边；自己坐东边，也就是左手边。我们平时把掏钱请客叫"坐东"（做东），就是这么来的。

当然，现在"坐东"的（掏钱请客的）不一定非要坐在东边了。做东的人并没有固定的位置，有的地方要坐在正位对面。掏钱请客的人，要随年龄的大小和辈分的高低顺序来坐。

需要说明的是：安位内外有别。比如，家宴和私宴（朋友聚餐）与官宴（官场上的饭局）是有区别的。

家宴是按长幼和辈分的顺序来安位的，年龄和辈分最大的长者坐正位，然后再依次坐。私宴，也就是朋友、同学聚餐，也要按年龄和辈分的大小来安位，不论官大官小。

但是，官场的饭局则不同，必须依官位的高低来安位。您年龄再大，但没有人家官大，也要屈尊。没办法，这就是规矩。

操办官场上的饭局，先要弄清楚参加宴会的人的职务和职称，然后按职务高低安位。为了稳妥起见，最好提前做好桌牌，上面写上名字，放在桌子上，这样来宾就可以按桌牌就座，不至于坐错了。

什么时候才能"上桌"

这里的上桌，特指上桌吃饭或喝茶。老式的中国家庭，对子女上桌吃饭的规矩极严。平时，晚辈跟长辈是不能同桌吃饭的，按长幼有序的规矩，通常是长辈先吃。长辈吃过之后，才轮到晚辈。

例如，一个三世同堂的家庭，饭菜做好，先上桌的是爷爷、奶奶，然后是父亲，最后才是子女和母亲。

中国人的家庭基本上是"男主外，女主内"，即父亲到社会上谋差事（工作），母亲在家里操持家务。

父亲在外劳作一天，非常辛苦，晚上回到家，母亲自然会对他格外体恤，先端盆儿温水，洗脸拂尘，然后泡壶酽茶，涮涮肠子，静静心，这才上桌吃饭。

此时此刻，当晚辈的切忌不能站在旁边，看着长辈吃饭，更不能过去动桌上的饭菜。

晚辈这时该玩儿，玩儿；该做功课，做功课。等父亲吃完饭，抹抹嘴，离了桌，母亲这才招呼儿女们上桌吃饭。

有些老式的中国家庭，直到现在还恪守这个老规矩。

四十岁往上的中国人，年幼居家时，大概都有过长辈吃饭、自己不上桌的经历。时过境迁，现在中国人的家庭结构已经发生了变化，特别是有了独生子女家庭后，这种老规矩就自生自灭了。

不过，这个老规矩所体现的"核心价值观"还是应该发扬的，那就是对长辈的敬重，还有"长者先，幼者后"的生活准则。

点菜要对客人的口儿

请朋友到饭馆吃饭，点菜是一门学问。点不好，有可能让客人倒了胃口，吃着不舒服，等于这顿饭白请了，还落一堆不是。

其实，请客点菜，中国人是有规矩的。这个规矩就是主人请客，要由客人点菜。因为主人也许并不知道客人喜欢吃什么口味的菜，出于礼貌，必须要由客人来点菜。

当然，如果客人按照自己的意愿把菜点了，这也就没什么可说的了。因为您作为东道主请客，一切都以客人吃好喝好为快，否则也就失去了请客的意义。

问题是很多时候，主人请客人点菜，客人谦让，推说自己不会点菜，一定让主人来点。这个时候，主人就不能推辞了。您想都不点菜，这顿酒席吃什么呀？

甭管是客人点菜，还是主人点菜。点菜一定要遵守这样几条规矩。

一、看明白桌上人的年龄。点菜的时候，要把不同年龄段的人的胃口都照顾到，比如上岁数的人牙口不好，您就要给他点一道或两道细嫩松软、味道清淡的菜。

二、最好问一下每位客人的口味和禁忌。比如有人不吃辣的，有人不吃酸的，有人不吃海鲜，有人不吃牛羊肉，等等，问清楚之后再酌情点菜。

三、点菜要根据自己的经济实力量力而为。现在一般的酒楼或饭馆的菜谱都分中高低三个档次，高档的一道菜上千块，低档的一道菜只有二三十块。如果您都点高档的菜，一顿饭吃下来一两万元，您恐怕难以承受。

但是如果您都点低档的菜，又会让人觉得您小气，抠门儿。您说您请一次客，落下一个抠门的名声，脸上能有光吗？与其这样，您还不如不请。

怎么点菜，能让来宾吃着舒服，同时自己的钱包也能承受呢？这里介绍几点经验。

首先，要了解您就餐的餐馆是什么风味或者主打哪个菜系的菜，并问明白这家餐馆的看家菜是什么。

一般餐馆都有自己的看家菜，比如北京的老字号餐馆全聚德的烤鸭，东来顺的涮肉，丰泽园的"葱烧海参""鸡茸银耳""醋椒活鱼""油焖大虾"等，"同和居"饭庄的"潘鱼""扒爆龙须""油爆双脆""三不粘"等，峨眉酒家的"龙眼什锦""三鲜响铃""宫保鸡丁""鱼香肉丝"等。

再比如，上海老正兴菜馆的"蜜汁糖鲤鱼""银鱼炒蛋""油爆虾""红烧圈子""生煸草头"等，上海梅龙镇酒家的"梅龙镇鸡""龙凤肉""陈皮牛肉""椒盐八宝鸭""芹黄鹌鹑丝"等。

其实，不管是老字号还是新字号，不论是名店还是新店，都有自己的拿手菜。所以，您请客要以品这些店的看家菜为主打菜，起码要点两个或三个，不论价格贵贱都要点。

其次，要点两到三个压桌菜。有人也叫档口菜。因为桌上要是有两三个吃货级别的，您不点两三道这样的菜，他们会觉得吃着不过瘾。

/ 中国人的规矩

通常压桌菜也是菜谱中比较高档的菜品，但是为了您的体面，您不能舍不得花这个钱。话又说回来，一桌酒席，如果没有两三道名贵的菜压桌，那么这桌席就会显得贫气了。

此外，要照顾席面上的特殊客人，比如老人、小孩儿和女同胞。通常老人和女宾喜欢清淡的菜。一般清淡的菜价位比较低，但多点几道占桌，并非小气。

过去，按中国人的规矩，席面上要有四干四鲜，四冷四热，七个碟八个碗。现在没有这些讲究了。但席面上点菜最好是双数，如果是四个凉菜，那么热菜最好是四个、六个或八个。

此外，如果是正式宴请，三样菜一定不能少。一是鱼，二是鸡或鸭，三是虾。

您会问了：虾的谐音是"瞎"呀，抓瞎是不是不吉利啊？是，虾的谐音不好听，但您抓起来不是把它给吃了吗？"瞎"吃到您肚子里了，想抓也抓不着了，您说是不是？

所以，您放心大胆地吃。中国人的规矩告诉您了：吃虾没问题，但要留神虾的须子别扎着您。

饭局要有"开场白"

一般来说，不管是家宴，还是官场上的饭局，都是有主题的。所谓主题，说白了就是为什么要吃这顿饭。

当然，请客的主题很多，有接风洗尘，有送别钱行，有晋升乔

饭局要有开场白

不管是家宴，还
是官面的饭局，都是
要有主题。就是为什么吃这顿饭

迁，有祝寿纳福，有儿女新婚，有子孙满月，有求人办事，有酬劳致谢，等等。

按中国人的规矩，不管是什么主题，在正式开席之前，主人，也就是请客的人要致辞，也就是说两句话，对参加宴会的来宾表示感谢。

宴请的席面有大有小，通常超过四桌就算大席面了。大席面要更庄重一些，致辞最好提前准备一下。四桌以下，算是小席面，不用搞得那么郑重其事，但主人也要致辞。

一桌席，就称不上是席面了，所以请客的主人没必要正儿八经地致辞了。但在正式动筷子之前，主人也要说两句话，一是把请客的目的说出来；二是对大家的到场表示感谢。

当然也有无主题的饭局，比如朋友来访，赶上饭口儿，在外面吃顿饭，或者自己闷得慌，邀请几个朋友到有名的餐馆吃一顿。这些都属于便餐，不用在开席之前非要说句话。

开席之前说两句话，这个规矩纯属一种礼节，所以一桌两桌的小席面，主人的讲话最好随意，客气一下就行。如果太郑重其事，反倒让客人觉得有些虚情假意了。

宴席上谁先动筷子

筷子，在先秦和秦汉时，叫"箸""梜提"，魏晋、隋唐时称"箸"，宋元以后才叫筷子。《礼记·曲礼》中有对"梜"的描述：

"羹之有菜者用梜。"郑玄的解释："梜，犹箸也。"

为什么"箸"变成了"筷子"？明代的陆容在《菽园杂记》里说，吴地风俗，行舟之人忌讳说"箸"，因为江苏人"箸"的发音，是停滞不前的"滞"。

以船谋生的人，就怕这个"滞"字，所以把"箸"叫"快儿"。因为箸大都是竹子做的，所以在写这个字的时候，加了竹字头。这就是筷子叫法的由来。

关于筷子的文化，看着简单，其实也有一些玄奥的内涵。比如，为什么中国人把筷子做成一头方一头圆？

原来圆代表天，方代表地，这里天圆地方的寓意是"天人合一"，也蕴含着"民以食为天"的理念。

中国古人做筷子时，长度是固定的。多长呢？长为七寸，圆为六分。七和六的数字表示什么意义呢？代表人有七情六欲，所以同样是吃饭，但人跟禽兽不一样，要懂得珍惜每一次吃饭的机会。

当然现在筷子的长短，已经不讲究这些了，有的筷子长到一尺多，比如涮火锅用的筷子。

筷子还有很多民俗，比如南方有的地方，年轻人结婚，婚礼上要送筷子，寓意快快得子。

筷子在饭桌上有时能起到指挥棒的作用。第一个动筷子的人，就像交响乐团的指挥拿起了指挥棒。他的筷子往桌上的盘碗一伸，如同指挥家挥动指挥棒，意味着宴席正式开始。

所以，不管是出席宴会，还是参加朋友聚餐，您都不能轻易动

　　　/ 中国人的规矩

筷子。即便是现在饭馆或酒楼带包装的筷子，在没有开席前，您也不要碰。

一桌酒席，谁先动筷子，是有规矩的。通常是由主人提议，客人先动筷子。如果客人有七八位，那么就由这七八位里年龄最长的人先动筷子。

自然，客人要谦让一番。比如主人比客人年长，客人执意让主人先动筷子，怎么办？那也要让客人先动筷子。

这是老规矩，没办法。当然，这么做，也是合乎情理的，因为即便主人年龄再大，辈分再高，您也是请人家来吃饭的，所以在饭桌上，要以客为尊。这是一般宴请。

如果是"官宴"，则另当别论。通常"官宴"，谁先动筷子，则由饭桌上官儿最大的人发话。

为什么不能确定他先动筷子呢？因为官场也要讲礼仪。官面儿的礼仪是论资排辈。官大并不见得资历深辈分高，所以要由他来指定。平民百姓就没那么复杂了，但也要讲长幼有序的规矩。

会餐必须用公筷

2020 年初开始的新冠疫情让人们在一起聚餐时分外小心，因为这次的病毒传染性很强，由不得您不小心。

这次疫情让人们的公共卫生意识有了空前提升，其中就有聚餐使用公筷。

中国人聚餐使用公筷的历史并不长，因为在唐代以前，中国人的宴会形式多是席地而坐，而且各有自己的席位和一套餐具，分餐而食。

我们现在说的"宴席""席面"及"酒席"等，就是从"席地而坐"这儿来的。分餐制，当然不需要公筷了。

唐朝以后，胡床（一种类似马扎的高脚折叠椅）被引进中原，由此发明了凳子、椅子，后来又有了桌子。

我们从唐代的画儿《宫乐图》里，可以看到宫女围着桌子饮酒，即一位宫女手执长柄木勺为其他宫女斟酒的场景。这种桌子还不是我们现在看到的方桌或圆桌，而是几案，即长方形的案子。

元代的孔克齐在《至正直记·止箸》中描述："宋季大族设席，几案间必用箸瓶渣斗，或银或漆木为之，以箸置瓶中。遇入座，则仆者移授客，人人有止箸，状类笔架而小，高广寸许，上刻二半月弯，以置箸，恐坠于几而有污也，以铜为之。"

这段话说的大致意思是：宋朝的大户人家请客的时候，几案（那会儿还没有我们现在吃饭用的餐桌）上，都要搁一个专门放筷子的瓶子，客人来了，仆人便从瓶里取出一双筷子交给他。客人吃饭的几案上放有"止箸"。

这个"止箸"，是专门放筷子的，怕客人吃饭的时候，筷子掉在地上弄脏了。"止箸"通常都是铜的。

通过这段记述，您大概就知道宋代的人请客，几乎都是分餐，所以也用不着公筷。

　　　　　　　／　中国人的规矩

几个人围着桌子，跟酒家（酒保）点菜，后厨按您点的菜，上灶烹炒煎炸，做好后装盘上桌，大伙儿动筷子共同吃，这种就餐形式在宋代已经出现。

长期以来，人们在围桌就餐时没有用公筷的规矩。因为人们觉得一起吃饭的都是亲朋好友，用自己的筷子给别人搛菜才显得亲近，用公筷则显得生分了。其实这种心态也有几分愚昧。

随着人们物质生活条件的改善，对吃什么和怎么吃越来越重视了。就吃饭的形式来说，聚会的分餐肯定是最卫生的，但是围桌合餐的传统习惯一时半会儿很难破除，尤其是亲朋好友的聚餐，合餐才显得亲切。

在这种情况下，合餐使用公筷就成必然的了。可以说，公筷是现代文明的产物，并且随着人们卫生意识的增强，会餐使用公筷公勺逐渐形成了规矩。

经过疫情的考验，合餐使用公筷的规矩，现在已经成了人们在公共场所就餐的习惯。

我们到饭馆、酒楼请客吃饭，店家都会在桌上摆放一双公筷，这是必需的。

公筷怎么用呢？有人认为它的作用是给人搛菜的。其实，您在每个盘子里夹菜时都应该用公筷先夹到桌前自己的布碟里，然后再用自己的筷子（私筷）夹着吃。

换句话说，您就餐的时候，只要想吃桌上的任何一道菜，都要使用公筷。这就是公筷的作用所在。

筷子用得不对会要命

俗话说，人是铁，饭是钢，一顿不吃饿得慌。因为人天天都要吃饭，所以中国人关于吃饭的规矩特别多。中国人吃饭要用筷子，当然关于筷子的规矩也很多。

中国古人非常重视用筷子的规矩，有些规矩您违反了，不是说您两句或者罚您点儿钱的事儿，有时能要人命。

这可不是危言耸听，有史为据。据明代徐祯卿《翦胜野闻》记载，明朝初年，明太祖朱元璋久闻翰林应奉唐肃的大名，召见他一起吃饭。席间，唐肃免不了在太祖面前抖搂自己的才学，让太祖对他刮目相看。

当然，太祖也免不了赞扬他几句。这一夸让他心花怒放，喜不自胜。这顿饭吃得他那叫一个美。

也许是多喝了几杯酒，也许真是高兴坏了，这位唐先生一不留神，在太祖面前竟然"拱箸致恭"。

什么叫"拱箸致恭"呀？就是把筷子横着放在碗上。太祖见他破坏了规矩，当时就瞪起了眼睛，问他为什么要这么放筷子？

唐肃笑着对太祖说，这叫"横箸礼"，是民间的礼节。太祖怒道，你对面坐的是谁？怎么把民间的礼节拿到这儿来了？唐肃这才知道自己犯了忌，立即下跪磕头。

磕头也没有用，这一个小小的举动就让明太祖看出此人不可用。于是唐肃"罪坐不敬，谪戍濠州"，被贬到了濠州。

濠州当时是边境。您想本来是太祖眼里的香饽饽，一下被贬到了这儿，这位唐先生心里能不窝气吗？结果，到了濠州没几天，就呜呼哀哉了，只活了四十四岁。

这位唐肃并非凡夫俗子，他是"会稽二肃"之一，明初有名的大才子，官至翰林文字承事郎，修礼乐书，同知制诰，兼国史编修官。这是多大学问呀！

但谁能想到这么有才的人，而且还专门编修过国家的各种"礼乐"，怎么会犯这么低级的错误？一双筷子，断送了自己的前程，还要了自己的性命。

清代的翟灏在《通俗编·仪节·食毕横箸》里说："李义山《杂纂》谓：食毕横箸在羹碗上，为恶模样，而此风经久未改。"

原来，吃完了饭，把筷子横在碗上，并不是什么"横箸礼"，而是一种恶习，难怪明太祖见唐肃这么做会勃然大怒呢。

中国人在吃饭用筷子上立的规矩很多。除了上面说的吃饭时筷子不能横着放在碗上，还有一个规矩，就是不能把筷子直接立在碗里的饭上或盘子里的菜上。换句话说，筷子不能竖着放。

中国人的规矩是，饭桌上的筷子只能平着放在筷架上或桌子上。筷子横着放，在南方人看来是骂人或者是方人（赌咒）。因为人死了身体才横着放，筷子横着放，有骂人快点死的意思。

筷子竖着放，像在供桌上焚香，也是非常不吉利的。所以，中国人的规矩特别强调吃饭时，筷子不能横在碗上，也不能竖着插在碗里的食物上。

筷子用得不对会要命

皇上请客，大臣破了吸局的规矩也丢了命

渔方四七·规矩于京華

不能用筷子敲桌子

人们在现实生活中，经常会看到这种现象：在饭馆酒楼就餐时，服务员上菜慢了或晚了，有人便用筷子敲盘子敲碗，表达自己的不满。

您这么一敲，除了能证明自己的心理素质有问题，缺乏耐心，还破坏了中国人的规矩。其实，饭菜没出锅，或者您的前边还有别的食客在等菜，您的筷子敲折了也没用。

按中国人的规矩，筷子在饭桌上，只能用来吃饭吃菜，没有其他功能。

在饭桌上乱敲，一是反映自己没教养、不文明；二是对同桌吃饭的人不礼貌、不友好；三用中国人的话说，证明自己命苦，是要饭的命。因为从前要饭的人才敲盘子敲碗；四在饭桌上敲盘子敲碗，"方"（赌咒）自己家的老人。

所以，您在等饭菜上桌时，即使肚子饿了，心态也要放平和，千万不要敲桌子、敲碗盘。

别用筷子"跳马"

您听说过餐桌上，筷子能跳马吗？说到这儿，您肯定得说，开什么玩笑，您以为筷子是体操运动员哪？

这不是跟您开玩笑，只是一种比喻。筷子跳马，也叫"跳马筷"。

所谓"跳马筷",就是手里拿的筷子看着是奔那道菜去的,但筷子在那道菜上面像体操运动员跳鞍马似的"跳"了过去,又奔了别的菜。

中国人的规矩是,想吃哪道菜,您拿着筷子就直奔主题,别三心二意。

此外,还有所谓的"游动筷"。"游动筷"跟"跳马筷"类似,也是手里拿着筷子犹豫不决,想吃这道菜,又想吃那道菜。

更不招人待见的是,手里拿着筷子像"巡城",这个盘子里扒拉一下,那个盘子里扒拉一下,筷子来回游动,挑挑拣拣,也不知道到底要吃哪个盘子里的菜。这是餐桌上用筷子的大忌。

中国人的规矩是,动筷子夹菜要果断,看准了想吃哪道菜,就要稳准狠,不能犹豫不决。

夹了的菜别再往回放

在餐桌上用筷子最忌讳"半途筷"。

所谓"半途筷",就是手里拿着筷子,夹住了这个盘子里的菜,但夹起来又觉得它不好吃,赶紧把它放回盘子里,又到另一个盘子里去夹菜。

这叫夹菜挑眼。您到超市买东西,可以挑来挑去,但在餐桌上不能挑挑拣拣。您要是觉得哪道菜不对自己的口味,不喜欢吃,索性就不去动它。

按中国人的规矩，餐桌上的饭菜，只要您动筷子夹了哪个盘子里的菜，那就对不起了，不管您爱吃不爱吃，您都不能再往回放，只能放在您的布碟里。

当然，夹起来的菜如果您确实不爱吃，那完全可以不吃。吃饭本来是高兴快乐的事儿，您干吗找难受呢？

不爱吃，您放自己的布碟里就是了，千万别放回原来的盘子里。为什么？您琢磨呀，筷子是沾了您的嘴的，您用您的筷子夹了菜，再往回放，别人还吃不吃了？

别用筷子抬轿子

用筷子抬轿子，不用问，这肯定是打比方。

在餐桌上用筷子抬轿子，也叫"抬轿筷"。所谓"抬轿筷"就是手里拿着筷子，在菜里找自己喜欢吃的。为了找自己爱吃的，甚至当起了"搬运工"，用筷子把盘子里的菜翻个底朝天。

毫无疑问，这种动作有点儿猛。但是您留神观察，在餐馆、酒楼里肯定看到过这种不雅镜头。

中国人的规矩是：拿筷子夹菜，只能撺盘子上面的菜，不能在菜盘子里翻来翻去，更不能"抄底"。

跟这个动作相关的是"窥筷"。所谓"窥筷"，就是手里拿着筷子当"侦察兵"，两只眼睛来回踅摸着桌上的饭菜，但轻易不下手。

按中国人的规矩，在餐桌上用筷子要自然大方，两只眼睛不能盯着菜。您想吃什么菜，就直截了当拿筷子夹。

手里拿着筷子，看看这个，瞧瞧那个，就是不动手，这个动作表示您对桌上的饭菜不满意。对饭菜不满意，就是对主人不满意。

所以，您在餐桌上用筷子的时候，一定要注意这些，咱们吃饭的时候，别当"轿夫"，更别当"侦察兵"。

不能用筷子当刀叉

"碎筷"是餐桌上用筷子的大忌。所谓"碎筷"，就是盘子里的"菜"块儿大，比如炖肘子、整块的炖肉或整条的鱼，您用筷子夹，觉得费劲，便用筷子把它撕碎，便于大伙儿夹着吃。

这样做，看起来没有什么不妥，但其实违反了中国人的规矩。为什么呢？

首先，按中国人的传统礼仪，在饭桌上用筷子的动作要文雅，不能站起来动筷子。用筷子把盘子里的大块肉撕碎，方便大伙儿吃，说起来是好事，但用"碎筷"，人要站起来，这就破坏了坐着用筷子的规矩。

其次，站起来用筷子在盘子里撕肉，也不雅观，同时也会影响就座的宾客吃其他的菜。

按中国人的规矩，您可以把盘子拿到一边去撕，撕碎之后，再拿回饭桌。

当然，如果是在饭馆、酒楼聚餐，您可以劳驾服务员帮忙分解一下整块的鱼或肉，不必亲自动手。

与"碎筷"相似的是"刺筷"。所谓"刺筷"，就是把筷子当成西餐的刀叉，刺盘子里的整块鱼或肉，直接进嘴。

有时整条的鱼和肉块儿大，两根筷子刺不起来，就用单支筷子当"枪"，去挑盘子里的鱼或肉。这个动作看上去有点儿猛。

中国人的规矩是，筷子只能成双成对用，不能单支用。此外，只能用筷子去夹菜，不能把筷子当"刀枪"。

这种"刺筷"，失之文雅，且有"鲁莽"之嫌，即老话说的"吃相儿狼虎"。

其实，就餐的时候，碰到不好夹的菜肴，最好的办法是改用勺子或其他餐具。

餐桌上如何用筷子，既体现了中国人的规矩，也可以看出一个人的自身修养和文明程度。

不能让筷子掉"眼泪"

您听说过筷子掉眼泪吗？所谓"眼泪"当然只是一种比喻。筷子掉"眼泪"，也叫"泪筷"。

"泪筷"，就是盘子里的菜带汤汁，您在用筷子夹起来往嘴里送的时候，菜里的汤汁和浮油，像掉眼泪似的往下滴答。

显然，在餐桌上让筷子掉"眼泪"，透着不雅，同时也会影响其他宾客的食欲。

　　按中国人的规矩，在餐桌上，用筷子夹菜绝对不能滴下汤汁儿。您也许会问，这样的话，那些带汤的菜怎么夹起来吃呢？

　　其实，想连汤带汁地吃也不难，有两种办法可以避免这种不雅之举。

　　一是您在用右手拿筷子夹菜时，左手可以拿布碟接着，也就是布碟跟着筷子走，这样汤汁就掉到自己的布碟里，您就着布碟吃，既显得文雅，又不影响他人。

　　二是想吃带汤汁的菜，您可以不用筷子，改用勺子。这样做也不失体面。

用筷子当牙签是大忌

　　剔牙，在中国古代叫"剔齿"。有人牙不好，尤其是老年人，牙齿松动，牙缝里残余一些东西，找个牙签给剔出来。

　　元代的赵孟頫在《老态》诗里说："扶衰每藉齐眉杖，食肉先寻剔齿櫼。"

　　牙缝里塞进嚼过的食物残渣，让人觉得非常别扭，所以得赶紧找根牙签剔出来。过去，牙签自备，您到饭馆、酒楼赴饭局，通常也是自己在口袋里备好牙签。

　　现在，一些饭馆、酒楼在为食客服务方面想得比较周到，会在餐桌上给顾客准备牙签，有的是牙签盒，有的是单独的牙签。但这种服务还做不到家家如此。

赶上您就餐的饭馆没给顾客准备牙签，偏偏有人的牙缝儿塞了东西，一时找不到牙签，怎么办？有人会灵机一动，想到了手里的筷子。反正都是竹子做的，为了解决一时之需，于是便把筷子撅折，取其较细的部位权当牙签。

中国人认为，筷子是吃饭的家什，在餐桌上，筷子就是夹菜吃饭用的，干别的都不合适。筷子既然是人们吃饭用的，而且民以食为天，您把吃饭的家什给撅折了，当然不是吉祥的事儿。

撅筷子本身就是不吉利的事儿，您再用它当牙签，那不是犯了大忌吗？

其实，您知道自己牙口不好，在去饭馆赴饭局之前，身上备根牙签不就行了吗？

当然，现在的饭馆虽然桌子上不给顾客预备牙签，服务台也会有牙签的。您跟服务员动动嘴，找根牙签不成问题，何必要动手撅筷子呢？再说用筷子当牙签用着也费劲呀！

别在饭桌上叼筷子

在饭桌上，用嘴衔筷子，中国人认为这是不雅之举。当然，用嘴咬筷子或叼筷子，通常是小孩儿喜欢的动作，成年人很少这样做。

按中国人的规矩，饭桌上是不能吮吸筷子的，用嘴叼筷子也不行。吮吸筷子或用嘴叼筷子，不但不雅观，而且是"贫气"的表现。

什么叫"贫气"呀？所谓"贫气"，就是"穷相"，受穷的人或者要饭的人才嘬（吮吸）筷子。

您想谁不怕自己穷呀？所以，当父母的要给自己的孩子从小就立下规矩，吃饭的时候，不能吮吸筷子，更不能用嘴叼筷子。

吃饭不能吧唧嘴

吃饭不能吧唧嘴，也是长辈给晚辈从小就立下的饭桌上的规矩。

人吃东西，不可能不出声儿。所谓"吧唧嘴"，是指有意识地拿上嘴唇去碰下嘴唇，舌头在嘴里搅动，发出的"吧唧吧唧"声儿。这种声儿，很容易让人联想到，猪吃食发出的声音，所以成为中国人的大忌。

中国的老派人家规矩大，要求人吃饭的时候不能出声儿，也就是不能聊闲篇儿，不能开玩笑，更不能说话大嗓门，吵吵闹闹。

您看老年间说到聊闲篇儿时，总要说是"茶余饭后"。为什么要说"饭后"，而不说"饭时"呢？就是因为吃饭时是不准说话聊天的。

吃饭时不能狼吞虎咽，不许说话聊天或者大声喧哗，是出于卫生考虑，现在叫养生了。吃饭要求注意力集中，这样可以细嚼慢咽，不得胃病。

另外，也是考虑到进食安全，吃豆儿、吃鱼、啃个骨头什么的，如果说话聊天，精神不集中，豆儿、鱼刺、骨头渣子很容易卡在嗓子眼儿里，尤其是小孩儿。所以，古人当初立这个规矩是有道理的。

中国人要面儿，也就是讲究体面。在中国人看来，吃饭吧唧嘴，是一种穷酸相儿。您想，都让人想起猪吃食了，那得多寒碜呀！

当然，中国人忌讳吃饭吧唧嘴，也是因为那吧唧声儿，实在是跟人的耳朵有点儿过不去。谁吃饭时，听了这声儿不添腻歪？

所以，中国人给自己的孩子从小就立下这个规矩：吃饭不能吧唧嘴。

吃饭忌留碗底子

过去，中国人有一个风俗，在外面的饭馆吃饭，每盘菜都不能吃干净，同时，饭碗里也要留个碗底。

人们认为，盘子里的菜和碗里的饭都吃干净，表示自己没吃好，是对请客的人有意见。

其实，这是一个不良的习俗，中国古代请客的规矩跟这种风俗恰恰相反。古人认为"谁知盘中餐，粒粒皆辛苦"，对粮食十分珍惜，吃饭的时候，碗里的米粒掉在桌子上，都要用筷子把它夹起来吃掉。

所以，中国人请客吃饭的规矩是"每食必尽"，客人吃饭剩碗底子是对主人的不尊。

此外，中国的古人还有一个规矩，请客吃饭，如果尊敬的长者吃完饭的碗里有剩菜剩饭，也就是剩碗底子了，那么他的子女就要替他把碗里的剩菜剩饭吃了。

如果子女不在场，宾客中的晚辈要代劳。总之，这顿饭，碗里和盘子里不能有剩菜剩饭。这一点，倒有点儿像现代社会提倡的"光盘行动"。

通常，吃饭留碗底子的主要是老人和小孩儿。一般老人的消化能力会有所下降，胃口也不大，但同桌吃饭的人往往会照顾老人，不停地给他碗里撤菜，结果吃不完就剩下了。

小孩儿则是眼大肚子小，看到喜欢的菜，生怕自己吃不着，不停地往自己碗里夹，结果吃到最后，肚子不答应了，于是碗里吃不了的饭菜就剩下了。

在餐桌上，我们除了要坚守"食必尽"的规矩，还要对孩子吃饭有所约束，告诉他们吃饭不能留碗底。

当然，如果与老人一起就餐，给老人撤菜时，也要根据老人的胃口适可而止，避免留碗底。

要留神自己的吃相

吃相，就是人们吃饭喝酒时的样子。中国人对饭桌上的吃相，是非常在意的。

早先，规矩严的人家要求自己的孩子在吃饭的时候要细嚼慢咽，不能狼吞虎咽，不能看见自己喜欢吃的菜，便不顾别人，一个劲儿往自己盘子里夹，等等，因为这些动作会造成吃相不雅。

说到人们的吃相，唐朝的徐坚在《初学记》中引《韩诗》："夫饮之礼，不脱屦（jù，指用麻、葛做的鞋）而即序者谓之礼，跣（xiǎn，指光脚）而上坐者谓之宴，能饮者饮之，不能饮者已，谓之醹（yù），齐颜色，均众寡，谓之沉，闭门不出者，谓之湎。故君子可以宴，可以醹，不可以沉，不可以湎。"

这段话的意思是，古人喝酒吃饭的情态，是可以看出他们吃相的，而吃相可以分为礼、宴、醹、沉、湎这五个层次，前三个礼、宴、醹才是君子的吃相。

其实，人的性格各有不同，吃饭时的样子也会有所不同。有的人性子急，一碗面条拿嘴"秃噜"几下，就顺进肚了。

有的人是慢性子，端起这碗面条，一根一根往嘴里顺。急性子的人都吃三碗面条了，慢性子的人一碗面条才吃了一半。

单从吃相来看，急性子端起碗，拿嘴"秃噜"面条的吃相肯定不耐看，而慢性子的吃相则透着斯文。

但您这儿吃相斯文了，肚子却受委屈了。那位吃相不斯文的，别人看着可能会咧嘴，但自己的肚子美了。这么看来，吃相好坏各有利弊，您说是不是呢？

不过，按中国人的规矩，在宴席这种场合，人们还是要注重自己的吃相的，即便是不讲斯文，也不能见到美味佳肴，就以风卷残云之势尽呈虎狼之相。

在中国人的生活刚刚达到温饱状态、买任何食物都要粮票的年代，人们看到餐桌上的美食，不顾自己的吃相，狼吞虎咽还是可以理解的。

现在我们的生活条件好了，中国人在解决了温饱问题之后，开始进入了小康社会，人们再也不用为肚子里唱"空城计"发愁了。

在衣食无忧的状态下，您参加聚会，在餐桌上，吃饭还那么狼虎，就透着显眼，也太现眼了。

《山海经》里介绍了饕餮的传说故事。饕餮是一种凶恶的怪兽，特别贪吃。它的吃相面目可憎，看它吃东西，能吓死人。

后来人们把贪吃、吃相儿难看的形象称为饕餮。苏东坡喜欢吃，曾作过一首诗，叫《老饕赋》，其中有言："盖聚物之夭美，以养吾之老饕。"当然，他这是在自嘲。

但愿我们在吃饭的时候，留神自己的吃相，即便是饭桌上的菜品再诱人，您动筷子时也要兼顾他人，别争嘴，更别让人想到饕餮这个词儿。

现如今，吃相如何，已经不只是规矩问题，而是个人的素质和修养问题了。

饭桌上忌讳说"晦气"话

这儿说的"晦气",并不是骂人的话,而是那些让人听了心里不舒服的话。

什么意思呢?说白了就是:有些不吉利或者不干净的事儿,比如拉屎撒尿这种龌龊的事儿,在饭桌上不能说。

其实,中国人说话,是非常讲究礼貌周全的,平时,在说到一些"脏事"时,总要拐弯抹角,用隐语或自撰的文雅词儿来代替。

比如说小便,人们通常会说"解小手儿""方便一下""下水道告急了""去一趟卫生间"等。如果是小孩儿,一般则说"尿哗哗"等;如果要拉大便,则通常会说"解大手""出恭""出去蹲一会儿"等。总之,要回避"撒尿""拉屎"这些词儿。

平时说话都回避"晦气"话,到了饭桌上,要加个"更"字儿。

毋庸讳言,吃饭是满足食欲的快乐之事,按老规矩,吃饭时是不能说话的。可是,人一旦吃美了,就管不住自己的嘴了,不但舌头根儿痒痒,嗓子眼儿也跟着痒痒。这时,说说话,聊几句闲篇儿,也没什么不可以的。

但是有一样儿,饭桌上,只能聊高兴的事儿、快乐的事儿。因为聊几句快乐的事儿,能起到助兴的效果,让胃口开得大一些,再多吃点儿。

相反,碰上不懂规矩的人,在大家吃得正痛快的时候,聊起上手术台做手术或者谁谁出了车祸,现场怎么惨不忍睹。再不然说起上厕所的事儿，您说这不是给大伙儿添恶心吗？

正因为如此，中国人给自己的孩子从小就立下规矩，在饭桌上，绝对不说让人晦气的话，不能给人添堵。直到现在，中国人依然在遵守这个老规矩。

吃饭时别一只手放桌下

这儿说的吃饭，指的是在外面的饭局，包括参加宴会或请客吃饭。

中国人在饭桌上的老规矩很多，吃饭时不能一只手放桌下就是其中之一。您会问了：两只手放桌下行吗？行！但不能一只手。为什么呢？

中国人待人接物时，讲究有什么话拿到明面儿上说，忌讳在底下或背后嘀嘀咕咕，搞小动作。

一只手拿筷子吃饭，另一只手也应该放在桌上。如果这只手放桌下，一方面，看着别扭；另一方面，会有在桌子底下搞小动作的嫌疑。

您在影视剧中，可能会看到这样的镜头：几个人同桌吃饭，一个人右手拿筷子摸菜，左手却伸到桌子下边，捅旁边人的腿，暗示着什么。

这种动作，看上去就让人觉得别扭，同时也让人感到有些"下作"。这就是中国人忌讳吃饭时一只手放桌下的原因。

饭桌上逗乐儿要有分寸

中国人幽默，为了调剂单调的生活，常常要开几句玩笑，北京话叫逗闷子。这种事儿在朋友聚会或其他饭局上很常见。

芸芸众生，各种人群中，总会有一两个活跃型的人，这些"活宝"的表现欲超强，饭局这种场合，恰恰是他们耍宝的机会。

酒过三巡，这些耍宝者便开始展示自己的才艺了，或说个笑话，或唱一段歌曲，总之要撩拨得人们捧腹大笑才行。

当然，在餐桌上，这种即兴表演，能活跃人们吃饭喝酒的氛围，让大家开心。据说这么一笑，还能增加人们的食欲。

其实，中国的古人在喝酒吃饭的时候，也讲究娱乐性，您从古人发明的喝酒的酒令、投壶等游戏，以及伴宴的音乐舞蹈中，就会发现古人设宴喝酒吃饭的时候，也是有许多娱乐节目的。

不过，按照中国人的规矩，吃饭就是吃饭，要专心致志。吃饭时是不能大声喧哗的，更不能开玩笑、逗闷子。

因为饭菜里，难免有带骨头的肉和带刺的鱼、虾，稍不留神，吃着吃着就会扎着或卡着。而且，在老规矩里，吃饭时忌讳扬声大笑，笑起来忘我，容易噎着。

可是，中国人又很喜欢热闹，如果聚餐不出声，大伙儿都在那儿闷头吃喝，这个聚会还有什么意思呢？

这么说来不就矛盾了吗？如何解决这个问题呢？

按中国人的规矩，饭桌上说笑话、逗闷子要把握分寸，掌握尺度。该吃的时候，大家安静地吃喝，吃得差不多的时候，再开始让活宝登场。

俗话说，饱吹饿唱。肚子吃饱了，喜欢耍宝的人也可以大大方方地撒欢儿，在座的食客，也不至于出现鱼刺扎嗓子眼儿的镜头了。

吃自助餐不能嘴急

自助餐这种就餐形式，是从国外引进的。在 20 世纪 90 年代初，自助餐出现在京城餐饮业的时候，餐馆人满为患。我还为此做过现场报道。

由于自助餐的菜品是开放性的，各样菜品和主食摆在台面上，供食客自由挑选，所以这种就餐方式特别受到胃口比较好的年轻人喜欢。自助餐的餐馆也迅速在国内大中城市普及，现在一般的城市都有这种就餐形式的餐馆。

吃自助餐，看起来是开放自由的，其实也有规矩。比如，您可以随意挑选摆放的菜品，但只要您把看好的菜品放到自己的盘子里，那么您就要把它吃掉，不能再放回去，也不能剩下，因为剩下就要浪费掉。

吃自助餐还有很多规矩，比如取自助餐要排队，选择菜品的时候不能犹豫不决，等等。这里就不一一说了，单说吃自助餐最大的忌讳：嘴急。

什么叫嘴急呢？就是看见好吃的，玩命往自己盘子里夹，而不考虑其他食客。

曾经看到过一组旅游者吃饭的不雅视频，在某地旅游的游客在取自助餐时，疯抢大虾和蟹腿。一位游客的盘子里盛放着满满的大虾，后面排着长队的人对其怒目而视。这样做不但不雅，也破坏了吃自助餐的规矩。

按说每个人取自助餐，应该量力而行。而且从营养学的角度说，吃东西最好多样化，不能见到自己喜欢吃的，就死盯这一口，您也要考虑一下后面的人。

其实，自助餐馆的经营者准备的菜品应该是充足的，您觉得价格高的大虾，在沿海城市却是寻常物。

也许后厨备着许多，您抢了半天，不但暴露了您嘴急，而且显得自己素质不高。吃到最后，回头一看，菜品台上大虾有的是。

嘻，您嘴急半天，等于白忙活了。

宴席上布菜要分长幼

所谓布菜，就是在聚餐时，出于热心和礼貌，给桌上客人的盘里或碗里搛菜。

通常宴会或聚餐，是主人给客人布菜，以示主人盛情。这种情况，是没有长幼和辈分之分的。换句话说，主人可以给桌上任何人布菜。

而除了主人，客人之间的布菜却是按长幼有序的老规矩来的。

具体说，您一家三代在同一个饭桌吃饭，您要是布菜，只能给父亲、母亲，不能给夫人和孩子。夫人也如是。"高堂"（父母）面前，不能秀恩爱。同样，您的孩子，也要先给爷爷、奶奶布完菜，然后才能给您和您的夫人布菜。通常长辈是不给晚辈布菜的。

需要说明一点，在"官宴"，即官场的席面上，是不用或者说不能给领导布菜的。因为您并不知道领导的口味，有什么忌口。同样领导也不知道您身体有没有病。再者说，在席面儿上给领导布菜，有溜须拍马之嫌。

一般朋友、同学聚会，因为都是平辈人，则没有这么多规矩。

添饭忌说"要饭"

中国人在吃上，有许多有意思的忌口儿。所谓忌口儿，就是有些菜品的发音不吉利，要用其他词儿来代替，比如乌龟，俗称王八，但王八是句骂人的话，所以就用"甲鱼"来代替了。

这些忌口儿，因各地的民俗风情不同，而有所区别，比如北京人可以说香、臭，却不能说"完"，不能说"蛋"。

在老北京人那里，臭豆腐可以说，肉丸子却不能说，得换个说法叫"狮子头"。鸡蛋的"蛋"也要回避，炒鸡蛋，说成"摊黄菜"；鸡蛋汤，说成"甩果汤"。为什么？

因为丸子的"丸"，跟"完了"的"完"同音。"完"字不吉利，人死了，才说"完"。同样，"蛋"字也不吉利，甚至还是骂人的话，如滚蛋、混蛋、扯蛋（淡）等。所以，要回避这两个字，换个说法。

中国人在饭桌上说话，也有许多老规矩，比如碗里的饭吃完了，不能直接说"我吃完了"或"我吃没了"，而要说："我吃好了。"

如果还想再吃，不能说"我还要饭"或"再要一碗饭"。可以说"麻烦您，再帮我添点儿饭"或者说"请帮我加点儿饭"。

为什么不能说"要饭"？这似乎不用再解释了。但您要知道，在饭桌上说话一定要留神，不能说不吉利的话。

不能反手给人倒茶或斟酒

通常给客人倒茶或斟酒，都是用正手。这也是中国人上千年流传下来的老规矩。

正手倒茶、斟酒，一是拿茶壶或酒瓶顺手，不容易把茶水或酒倒洒。二是用正手，可以使自己的脸直面客人，以示对客人的敬重。

但有的时候，由于环境狭促，给客人倒茶、斟酒不方便，难免会动作不规范，做出反手姿势。但是按北京老规矩，这是不允许的。

条件再差，不方便给客人倒茶、斟酒，哪怕您不上手，让客人自己动手，也不能反手给客人倒茶、斟酒。

因为反手倒茶、斟酒的时候，胳膊肘肯定要对着客人，同时，自己的脸也会被手遮住，这个动作看上去很不雅。所以，中国人认为，反手给人倒茶、斟酒，是对人的侮辱，甚至可以看成是在骂人。

知道这个老规矩，您以后就要留神，给人倒茶或斟酒，千万别用反手。

斟酒一定要满杯

"酒满心诚。""酒要满，茶要浅。""茶七酒十。"这些斟酒的规矩，许多人都知道。

中国的酒文化博大精深，斟酒的讲究很多，但最主要的是斟酒要满杯，不能只倒一半或七八成。

为什么斟酒一定要满呢？主要因为在古代人看来，酒属于稀缺物。

我们在古人留下的诗词歌赋中，能看到大量的跟喝酒有关的篇章。但是您千万不要以为当时人们都能天天把酒畅饮呢。没有这造化！一般老百姓一年也喝不上几次酒。

文人墨客之所以那么浓墨重笔写喝酒，除了酒能助兴，让他们激情勃发，也是因为喝酒的机会难得。

杜甫喜欢喝酒，但因为平时喝不着，所以在跟友人聚会时，他宁愿大家罚他喝酒，这样还能多喝几杯。他在《乐游园歌》里说：

"数茎白发那抛得，百罚深杯亦不辞。"罚他喝一百次酒，他都乐不可支，不会推辞，因为难得跟朋友喝一次大酒。

既然酒在那个年代透着金贵，所以给客人斟酒不倒满了，岂不是对客人的不敬吗？由此，这个规矩传了下来。

敬酒碰杯要有高低

中国人的规矩里，关于喝酒的讲究非常多，古今莫不如此。

说到喝酒的规矩，让我想起《诗经·小雅·楚茨》里"献酬交错"这句诗。

什么叫"献酬交错"呢？郑玄对这句诗的注解是："始主人酌宾为献，宾既酌主人，主人又自饮酌宾曰酬。"

这段话的意思是说喝酒的时候，主人先敬客人一杯，这叫"献"，客人喝了，再回敬主人一杯，叫"酢"。主人把这杯酒喝了，再回客人一杯，叫"酬"。

一"酬"一"酢"，如此往来，叫"酬酢"。我们平时说的"应酬"一词，就是从这儿来的。

餐桌上的"酬酢"，离不开相互敬酒。按中国人的规矩，相互敬酒碰杯时，岁数小或职位低的人的酒杯，要低于年纪大或职位高的人的酒杯。

具体底多少，高多少，没有一定之规，但必须有高低之分。

中国人认为敬酒碰杯，如同两个人相互行礼。既然是行礼致意，按照老规矩，当然是年纪小的人给年纪大的行礼，职位低的人给职位高的人行礼。这就是敬酒碰杯要有高低的原因。

敬酒先干为敬

大凡喜欢喝酒的人都知道，敬酒时要"先干为敬"，但有些人可能不知道。这句话不是随便那么一说的，它是中国人一千多年前立下的规矩。

古代的中国人非常喜欢喝酒，因为喝酒可以助兴，可以活跃气氛，调节人们的情绪，所以"无酒不成席"，设宴请客必须有酒。

中国的古人在喝酒时，往往要临时立一些规矩，这种规矩，也叫"觞政"。

"觞政"得有人主持，这个主持人叫"欧宰"。如"觞政"规定，大家喝酒干杯时，有人杯里的酒没干，只喝了一半，还剩下一半，这就破坏了规矩。怎么办？

主持人这时就会走过来，要罚这位一大杯酒。罚酒有专门的酒杯，叫"大白"。

《说苑·善说》里讲了这么一件事："魏文侯与大夫饮酒，使公乘不仁为觞政，曰：'饮不釂者，浮以大白。'文侯饮而不尽釂，公乘不仁举白浮君。"

釂（jiào），是喝酒的酒杯；尽釂，就是干杯。浮，是罚；白，就是罚酒的酒杯。

您瞧，中国的古人认为，既然干杯，那杯里的酒必须干掉，一点儿不能剩，否则就要挨罚。罚的这杯酒，比您杯里的酒还要多。

古人为什么要立这么一个规矩呢？因为古人不但爱喝酒，而且重视诚信，既然是干杯，那么必须干掉。

中国地域辽阔，不同地区的人喝酒的种类和喝酒的习俗有很大区别。一般来说，南方人喜欢喝黄酒和米酒，北方人喜欢喝烈性的白酒。

为什么北方人喜欢喝白酒？因为中国的北方地处温带，这些地方冬天比较长，通常要四个月到五个月。

早年间，中国是农耕社会，北方人在冬季基本上不下地干活，称为"猫冬"。就是在家里猫着，不出门。怎么"猫冬"？最好的主意就是以酒为伴。

当然，喝低度酒不过瘾，必须喝高度的白酒。人们认为白酒有御寒作用，当然这并没有科学依据，只是喝酒的人们的一种感觉。

喝酒要有朋友，喝着才热闹。当然，中国人喝酒讲究敬酒。敬酒自然要有规矩，先干为敬就是其中之一。

先干为敬，表达出两个意思。首先，表示敬酒的人有诚意。其次，表示我向您敬酒，我先干为敬，您也必须干掉，否则就是对我的不敬。

现在，中国人喝酒的这个老规矩已经变了，因为人们都知道喝酒有好处，也有害处。尤其是对不会喝酒的人或者身体有基础病、不适宜喝酒的人，您劝他喝酒，一旦出现意外，是要承担法律责任的。

所以，现在人们在聚会时敬酒，表达的是一种敬意，而不是劝酒，非让对方把酒干掉，难免强人所难，甚至有灌人家酒的意思，就不成敬意了。

但是，中国人的老规矩到现在还没变，举杯敬酒可以不干，但是如果您举起杯，跟人家碰杯了，人家也一口干掉了，您可就必须喝了。因为如果您不喝，除了有失敬之嫌，还含有缺失诚信的意思。

所以，参加聚会举杯敬酒时，您一定要记住：不能喝或者不想喝杯里的酒时举起杯表示一下敬意就得，千万不要跟人家去碰杯。

聚会晚到要罚酒三杯

朋友聚会，最让人懊恼的就是等人。您一个人迟到，让一桌子人等您，不管您有什么理由，都是一种失礼。

中国人其实对时间有时不太讲究，所以定好聚会的时间，总会有人晚到。按中国人的规矩，您临时有事，不能准时参加聚会，这并不为过。

谁没赶上过突发之事的时候呢？假如您遇到这种情况，赶紧跟参加聚会的人打个招呼，告诉大家先动筷子，不要等您。这样大家也不会责怪您。

最让人起急的是，您遇上事儿了，明明得晚到，又不跟大伙儿说一声，让人看着一桌饭菜干等。

不管是什么原因，参加聚会晚到，让一桌人等您，您是欠着大家的人情儿。所以，按中国人的规矩，罚酒三杯也是理所当然。

罚酒三杯，有惩戒的意思，这次晚到，对不住大家，下次聚会，不能再迟到了，也有让大家久等，感到内疚，向大家表达歉意的意思。

自然，罚酒三杯，不用大伙儿强迫，这是自觉自愿，认打认罚。假如您不胜酒力，压根儿没喝过酒，也可以找人代您喝。但罚酒的程序不可少，这是老规矩。

当然，罚酒三杯的本意是告诉您，朋友聚会是不能迟到的。中国人对参加朋友聚会有句话：宁可早到半小时，也不错后一分钟。

因为中国人厚道，说好十个人聚会，人没到齐绝不开席。所以，您一个人迟到，九个人都得候着您。

请客吃饭是愉悦的事儿，等人会让人扫兴。当然，被别人等也起急，心里也不是滋味。

明白了这些规矩，您参加朋友聚餐时，遵守约定的时间，别让人等，到点儿就开席，把菜吃到嘴里，您心里不就有滋味了吗？

劝酒不能死乞白赖

小饮怡情，大饮伤身。这是人们常说的一句话。但是朋友聚会，酒喝到微醺、酒意阑珊时，便控制不了自己了，所以难免有喝过头的时候。

醉酒，对于"酒精"沙场的人，睡一宿觉，休息休息就过去了，但对于不胜酒力的人，特别是对于有心脏病、高血压等基础病的人来说，喝醉酒往往是致命的。他睡一宿觉，也许也是过去了。这个"过去"，是过那边去了。哪边儿？另一个世界！

其实，每年因喝酒而猝死的悲剧时有发生，应当引起我们足够的重视。您说为了这个"酒"字，醉卧沙场，最后"壮烈"了，多让人扼腕痛惜呀！

通常，酒喝多的主要原因有二：一是自我控制能力差；二是朋友死乞白赖地劝酒。

中国人喝酒，向来是热情奔放、豪情满怀的，请朋友吃饭喝酒，不喝好了不收兵，不喝好了，似乎对不起朋友。什么叫喝好了呢？

中国有的地方风俗是，喝酒不喝醉，不算喝好；喝酒不喝倒，不算喝好。于是，主人便不停地举杯，劝客人不停地喝，直到喝得钻到桌子底下，才算大功告成。

劝酒，也是中国酒文化之一。民间有许多劝酒的顺口溜儿，比如：

"酒是粮食精，越喝越年轻。酒是长江水，越喝貌越美。"

"感情深，一口闷；感情浅，舔一舔；感情厚，喝不够；感情薄，喝不着；感情铁，喝出血。"

"人在江湖走，不能不喝酒；人在江湖飘，哪能不喝高。"

"会喝半斤喝一斤，这样的哥们最贴心。"

"东风吹，战鼓擂，今天喝酒谁怕谁。"

还有一唱一和、一攻一守的，如：

攻方："一条大河波浪宽，端起这杯咱就干。"守方："万水千山总是情，少喝一口也不行。"

攻方："客人喝酒就得醉，要不主人多惭愧。"守方："要让客人都喝好，自己先得要喝倒。"

攻方："滚滚长江都是酒，喝了这杯啥都有。"守方："人生能有几回醉，喝了这杯不疲惫。"

这些劝酒顺口溜儿，有时可以调节喝酒的气氛，增加一些喝酒的乐趣。但是有些顺口溜儿，也带有一定的诱导、挑逗和杀伤性，有的甚至带有"斗酒"的性质，让人举起酒杯，不知不觉地陷入醉酒的深潭。

酒精对人的刺激，是难以控制的。人们在喝酒的时候，往往不去想喝醉酒的后果。但一旦出现喝醉酒的意外事故，比如前面说的喝酒喝"壮烈"了，当事人就悔之晚矣。所以，中国人才有酒桌上不劝酒，劝酒不能死乞白赖的规矩。

陆游在《闲适》诗中说："饮酒不至狂，对客不至疲。读书以自娱，不强所不知。"

意思是：喝酒要有节制，招待客人不要搞得太疲劳。读书也要适可而止，寻求阅读的快乐，实在弄不懂的知识，也不要非跟它较劲。

中国古人对喝酒乱性和喝酒误事深恶痛绝，历史上曾有几个朝代的皇帝，颁布过全国性的"禁酒令"。佛教信徒和道教信徒都严格戒酒。

现在有许多行业也明文规定不许喝酒，比如公安部门的民警，不但在日常工作中不许饮酒，回到家里也不能喝酒。这实际上就是"禁酒令"。

俗话说：无酒不成席。朋友聚餐，餐桌上不能没有酒，但喝酒的人要量力而饮；相互之间敬酒、劝酒也无可厚非，但劝酒时不能像顺口溜儿说的那样带有杀伤性。

如今的法律有明文规定，一般聚会喝酒，如果有人发生意外，比如喝酒要了人命，不管您是否劝过酒，所有聚会的人都要对死者家属进行经济赔偿。

所以，中国人所谓的不喝醉不算喝好的"酒文化"已经过时了。您参加任何聚会，都要按中国人的规矩办，不能死乞白赖地劝酒。

吃鱼谁先动筷子

中国人吃东西喜欢讨吉利。鱼，就是一个吉利词儿：富富有余（鱼）嘛。所以甭管什么形式，什么级别的宴席，必须上鱼。

　　　　　　　　　/ 中国人的规矩

"无席不鱼"，妇孺皆知。尤其是除夕的年夜饭，因为辞旧迎新，饭桌上有鱼，寓意新年有余。

我记得 20 世纪 70 年代，商品供应紧张，北京市民过年，每户还发几斤带鱼票，政府让老百姓过年有鱼吃。没鱼，好像这个年夜饭没法吃似的。当然，现在鱼已经成了老百姓餐桌上的"常客"。

由于鱼在中国人的眼里是稀罕物，而且它又有吉利的寓意，当然最主要是因为鱼身上有刺儿，不会吃或吃不好，就容易卡着扎着，所以吃鱼有很多讲儿，也有许多规矩。

南方是鱼米之乡，南方人比北方人爱吃鱼，尤其是海边江边的渔民，吃鱼的讲究更多。

鱼不管怎么做，端上桌后，按中国人的规矩，都要由桌上德高望重的客人先动筷子，用现在的话叫"剪彩"。

一条整鱼经过煎、焖、蒸、烤，出锅上桌，大致分头、身、尾三段。按老规矩，吃鱼，一定要有头有尾（寓意善始善终）。也就是说，鱼的头和尾要放到最后吃。所以，动第一筷子只能在鱼身子这一段下手了。当然，第一筷子只是象征性地吃块鱼肉，不能对整条鱼伤筋（皮）动骨（刺）。

在宴会或朋友聚餐时吃鱼，还有哪些老规矩呢？

首先，吃鱼，不能给别人往盘子里搛鱼肉。换句话说，布菜，不能布鱼。为什么？因为鱼是带刺儿的。您搛的这块鱼肉里面藏着刺儿，人家没留神，卡嗓子眼儿了。您说这不是给人添堵吗？所以，一定要切记这一条老规矩。

其次，吃鱼的时候，不能连吃两筷子。因为吃一筷子鱼肉，象征着有余（鱼）了，接着再来一筷子，意味着满了，满了自然就溢出去了。换句话说，"财"就跑了。所以，吃了一筷子，让同桌的其他人吃，过一会儿再吃第二筷子。

最后，吃鱼的时候，不能用筷子来回翻动。如果要翻鱼身，得跟桌上的其他人打声招呼，然后两个人一起动筷子。

按南方海边渔民的讲儿，吃鱼不能翻鱼身，翻鱼身，出海打鱼时会翻船。在中国的内陆地区没这讲究，但也忌讳一个人动筷子翻鱼身，因为吃鱼是在"吃"吉利，两个人给鱼翻身没事儿，一个人给鱼翻身，等于把"吉利"翻没了。

当然，这些老规矩，亦属民俗，难免带有一些迷信色彩。您姑妄听之，讨个乐儿就是。但也有一些规矩合乎情理，比如不能给人碗里或盘里搛鱼等。

涮火锅要"肉不滴汤"

用火锅涮肉涮菜，现在已经成了中国人普遍喜欢吃的美食了。从卫生和营养学的角度说，涮火锅是比较理想的吃法。

因为，只要把火锅烧沸，涮任何鸡鸭鱼肉和蔬菜菌类都可以。而且火候也能自己掌握。关键是一个人一份调料，各有各的碗碟，自己吃自己的，互不相干。

据专家考证，涮火锅始于元代。元代的老北京人就开始吃涮锅子了，可谓历史悠久。因为，最早元代的皇帝和皇亲国戚也吃涮锅子，所以涮锅子的讲究非常多。

其中最主要的有两个：一个是"筷不离肉"，另一个是"肉不滴汤"。

什么叫"筷不离肉"呢？就是您在涮肉的时候，筷子夹着切好的肉，直接在锅子里涮，但是筷子始终不放开肉，直到肉熟了，您的筷子才出锅子，然后蘸上调料吃。

从前，涮锅子，主要是牛羊肉，而且那会儿没有冰箱，涮的肉都是现切的鲜肉，您吃一片肉，就用筷子夹着直接涮。

这应该是涮肉的准确做法，看上去也比较文雅。现在有些人，把整盘肉放在锅子里，肉熟了直接夹出来，分给大伙吃，有的还替别人涮。这些都有失涮肉的主旨，也失去了涮肉的乐趣。

另一个是"肉不滴汤"。所谓不滴汤，是您在用筷子夹着肉，在锅子里涮熟之后，往自己的调料碗里蘸的过程中，筷子上的肉不能往下滴答锅子里的汤水。

肉直接从锅子里出来，要想让它不滴答汤水，实在太难了。但涮肉滴答汤水，既不雅观，又影响大家的食欲。

怎么能做到涮肉不滴答汤水呢？

按中国人的规矩，涮锅子遇到容易滴答汤水的肉菜时，要左手拿着布碟，右手用筷子夹肉。

肉涮熟了，起捞的时候，左手拿着的布碟要在下面接着。这样汤水就滴答在自己的布碟里，不会掉在餐桌上了。

如果坐着操作不方便，您可以站起来。涮锅子起身，是很正常的事，不失礼。但夹肉往下滴答汤水那可就失大礼了。

席面儿上要一坐到底

一坐到底，这个老规矩恰当地说应该是：在饭桌上，只要坐下，就不要挪地方，一直坐到散席。

过去，中国人管到饭馆饭庄吃饭叫"下馆子"。那会儿，生活水平比较低，人们平时很少"下馆子"，除非家里有什么贵客，或者有什么大事儿，才到饭馆饭庄请客吃饭。所以对聚餐的座位，比较当回事儿，立下"一坐到底"的老规矩。

为什么要立这个规矩呢？

中国古人认为，聚餐时的座位，虽然是按长幼和辈分来安排的，但只要您坐下，就是按《易经》八卦来定位了。

比如您坐正北，是坎位，五行属水。相对应的自然属水，性情属陷，气象属雨，内脏属肾脏膀胱，四季属冬、冬至，身体属耳，动物属猪，时辰属子中（半夜），口诀是坎中满。

如果您坐东北，是艮位，五行属土。相对应的自然属山，性情属止，气象属雾，内脏属胃，四季属晚冬、立春，身体属手，动物属狗，时辰属寅初平旦，口诀艮覆碗。

这些定位，对人的命运和运势来说，并没有好与坏之说，只是让您知道您坐的位置，在您所处的"气场"里是什么定位。

当然，请客的人也未必知道这些，客人也没有必要知道这些。但老规矩告诉您，您定位后就不要再动了。

从礼仪的角度说，在饭桌上挪地方坐，也是对他人的不尊重。因为您在原来的位置，已经占用了一套餐具，再用别人的餐具，显然是不合适的。

即便原本这个位置是空的，或者坐这个位置的人提前退席了，您也不能坐到空出来的位置上，因为您坐过去，也许跟您的朋友聊天方便了，但您影响了同桌其他人的就餐氛围，是对他人的不礼貌。

从这个角度说，饭桌不能挪位这个老规矩，还是合情合理的。

席面上别喧宾夺主

一般来说，酒席宴会再热闹，也有主宾之分。主人就是请客掏钱的人，宾就是嘉宾。

不管这个"宾"是"嘉"，还是"不嘉"，其实，角色都是一样的，您是宾，他也是宾。

既然明白自己在席面上的身份，就应该维护主人，各方面都照顾他的情绪，顺顺当当把这顿饭吃好。

按照中国人的规矩，在饭桌上不能扬声说话。如果您喝了两杯酒，激情勃发，在席面上旁若无人，亮着大嗓门，口若悬河，滔滔不绝地由着性子讲自己的事儿，一桌人都听您的了，那主人的位置往哪搁？这就叫喧宾夺主。

通常，主人掏钱请客，是有自己的目的的，有时主人碍于情面，把想说的话放在喝了酒之后。但人们喝了酒话多，难免有争话的时候。

所以，这时候，宾客要在席面上留意主人的神色，给他留出说话的机会，千万不要由着自己的性子，说起来没完没了，而且"声"高盖主。

别提前离席

提前离席，是宴会和朋友聚餐的一大忌讳。不过，细细一想，所有的活动都忌讳早退。但您得说，宴会和朋友聚餐忌讳提前离席，得加"尤其"两字儿。

为什么？

道理很简单。您一拍屁股提前走了，等于把一桌人给晾在这儿了。晾一会儿倒也没什么，这一大桌子饭菜怎么打发呀？

所以，中国人有个老规矩：既然您出席人家的宴请，那就不能提前离席。当然，也不是绝对的，家里着火了，小孩儿掉井里了，媳妇让车撞了，爹妈脑血栓了除外。

如此说来，中国人这个规矩够狠的。不过，这个规矩不狠点儿也不成。您想呀，凑齐一桌人吃饭，并不是件容易的事儿。

谁单位或家里没点儿事儿呀？您提前抬了屁股，他提前拉了抽屉，那这桌饭还吃不吃呀？所以中国人有个规矩，谁提前离席，谁结账。

当然，现实生活中，不可能完全按老规矩办，尤其是现代社会，生活节奏比较快，人人都挺忙，特别是一些有头有脸儿的领导或社会名流，有时一个晚上要赶几场宴会。

您请人家来出席宴会，人家就已经给您面子了，提前离席很正常。要他们给您结账？怎么有这种可能？

这个老规矩还应该灵活应用。首先，您一定要明白，参加宴会或朋友聚会提前离席，是对大家的不礼貌。用北京话说，您欠着一桌人的人情。您必须心存歉意，绝不能因为您工作忙就觉得早退一会儿是应该的。

其次，假如您答应了出席宴会或朋友聚餐，但单位或家里临时有急事儿，可以提前告假，没有必要非要到场"点卯"（报到）。如果您出席宴会，也动了筷子，那您就要一"吃"到底，不能中途走人。

当然，也有这种情况，自己确实有事儿，能出席宴会，但不上桌吃饭。可以跟主人提前打招呼，以便人家安排座席。当然，既然说好不上桌，按老规矩，可以在饭桌前坐，但不能动筷子。

中国人的规矩是，您可以有一千条理由不出席宴会，但没有一条理由在宴会上提前离席。

当然出席宴会，要以动筷子为准。说白了，只要您在宴会上动了筷子，那就坐下踏踏实实吃。民以食为天，再大的事儿，也没吃饭大。您说是不是？

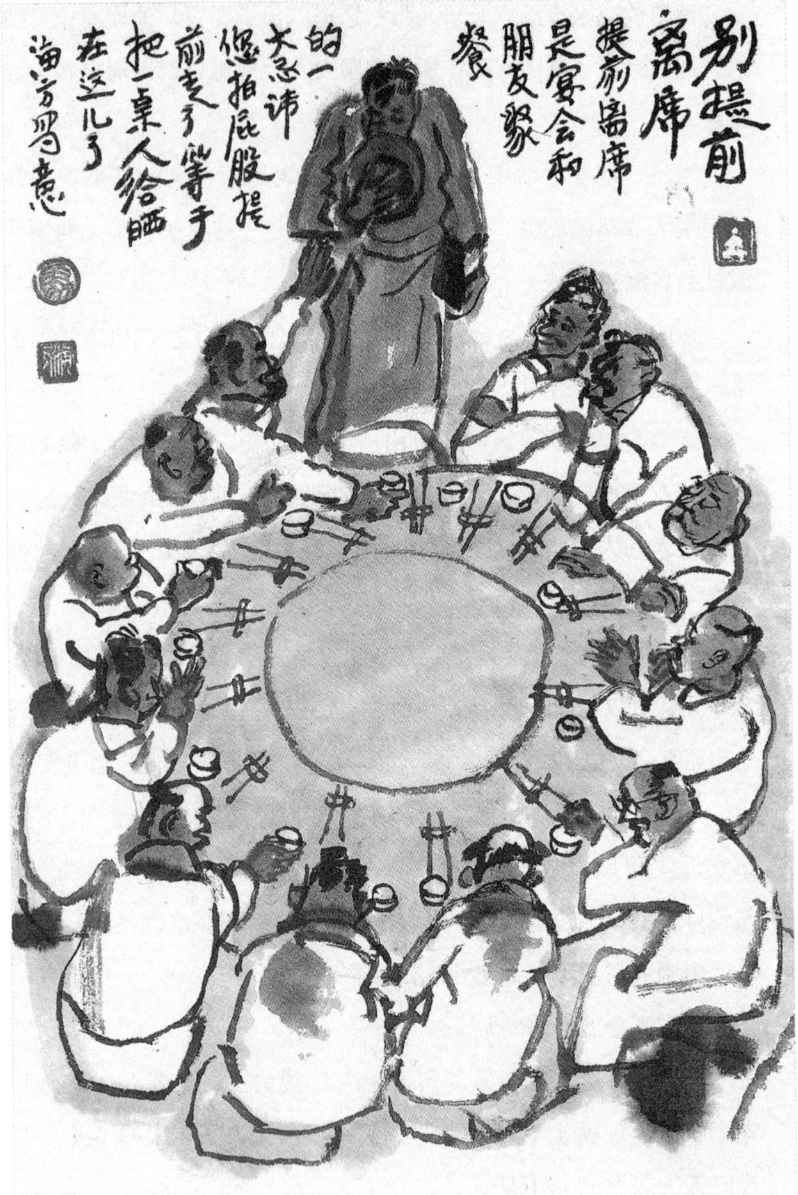
别提前
离席
提前离席
是宴会和
朋友聚
餐
的一
大忌讳
您拍屁股提
前走了等于
把一桌人给晒
在这儿了
海方写意

饭桌上不能玩手机

时下，您手里如果没有手机，可以说寸步难行。手机的功能也越来越多，除了日常通信和消费，还有照相、录像、上网、看视频、看电影、看电视剧、看直播节目、玩娱乐游戏等多种用途，已经成了人们生活中离不开的工具。

正因为如此，在饭桌上使用手机也很正常。但是在朋友聚餐、聚会时，您最好别玩手机。这个"玩"字包括许多内容，如看微信、看抖音视频、玩游戏等。

按中国人的规矩，您既然参加朋友聚会或聚餐，就要一门心思，不能说要聚精会神，但也不要一心二用。所以，除了接听电话，一般情况下不要当"低头族"。

因为您这儿一"低头"摆弄手机，肯定会分散注意力。您一个人当"低头族"，也许没多大影响，如果聚会的人都当"低头族"，聚会现场成了"低头斋"，您说这个聚会还有什么意义呢？

话又说回来，即便您没玩游戏，没看电影、电视剧，只要您当"低头族"，谁知道您在干什么呢？

因此，在聚会的饭桌上最好不要玩手机，为了不扫大家的兴，即便是接听电话，您最好也要离席，到外面接听。

吃饭不能舔盘子碗儿

前文讲过，中国人在吃饭的时候不能吧唧嘴。此外，吃完饭不能用舌头去舔盘子碗儿，也是当长辈的教育晚辈从小儿就得知道的规矩。

在中国人这里，不管家里贫富，都有吃饭不舔盘子碗儿的老规矩。有钱的人家，不愁吃不愁喝，就更别说了。

穷苦人家的日子紧紧巴巴，有上顿没下顿，经常揭不开锅，大人孩子有时吃上一顿可口的饭菜不容易，盘子碗儿吃干净之后，依然意犹未尽，看着盘上碗上的残羹，难免舌头尖儿痒痒。但是，舌头尖儿再按捺不住，也不能伸出来去舔盘子碗儿。

说起来，这个规矩也是当长辈的打出来的。吃饭不舔盘子碗儿，大人绝对能做到，可是对不懂事的孩子来说可就难了。

孩子对自己喜欢吃的东西，总是贪得无厌。孩子吃饱了，大人不让他吃，他还闹呢。何况孩子还没吃够，看到盘子碗里的残汤，自然想再满足一下自己的食欲，用舌头去舔。

每逢这时，当长辈的便会瞪眼睛。但挂碗的吃食，对孩子的诱惑力太大了，他宁愿长辈瞪他，也要去舔这盘子碗儿。于是，便会招长辈的动怒，身上难免不留下点儿印记。

许多中国人说起这个老规矩，都会想起自己小时候因舔盘子碗儿而被家里大人数落或打骂的经历。

笔者也有吃饭舔盘子的回忆，小的时候因为舔盘子碗儿，挨过母亲的巴掌，所以长了记性，而且终生不忘。

为什么中国人有不让舔盘子的家教呢？或者说中国人为什么要立这个规矩呢？

一是舔盘子碗儿的样子不雅观，不招人待见，让人看不起。中国人之所以忌讳舔盘子碗儿，是因为家里养的猫和狗才有这种习惯。

人如果也舔盘子碗儿，那不是把自己等同于猫狗了吗？再说盘子碗儿上挂着的东西，都是自己或别人吃剩下的，已经没多少营养了。

二是按迷信的说法，晚辈舔盘子碗儿，会让家里人一辈子受穷，吃不上饭。

过去，中国人迷信，认为人的一切行为，都是命运的表象。过去要饭的叫花子（乞丐）才喜欢舔盘子碗儿，所以才吃不上饭。因此，家里的长辈对不许孩子舔盘子碗儿的规矩，执行起来格外严厉。

剔牙的"四忌"

吃完饭剔牙，对牙口不好的人来说，是没辙的事儿。因为牙缝里塞满了渣渣沫沫，肯定不舒服。但是剔牙是有讲究的。

按中国人的规矩，剔牙有"四忌"：

第一忌，吃饭的时候剔牙。因为大家都在吃饭，您这时候剔牙，有对菜品不如意之嫌，是对请客做东的人不敬。

第二忌，剔牙的时候对着人。这是对人的大不敬。所以，您在剔牙的时候，一定要侧过脸，或者转过身去。

第三忌，剔牙时不遮掩，龇牙咧嘴，会给别人十分不雅观的印象。所以，中国的古人留下一个规矩，剔牙的时候，要右手拿着牙签，左手捂着嘴，这样可以遮掩一下剔牙时的不雅之态。

第四忌，剔过牙的牙签随意乱扔。牙签也不要重复使用，因为剔过牙的牙签，已经与不洁之物亲密接触过，属于"不卫生"之物了。

餐后打包先让客人

勤俭节约是中华民族的优良传统。从古至今，不论是在家里吃饭，还是在外面请客设饭局，中国人都讲究餐桌上不剩饭、剩菜。

但有时候，在外面吃饭点菜点多了，或者约了十个人却来了八个人，最后，点的菜吃不完。

当然，吃不完的饭菜要打包带回去，无论如何也不能剩。剩菜剩饭打包，也是有讲究的。

按中国人的规矩，首先，餐桌上只要有一个客人还没吃好，就不能让服务员拿餐盒打包。吃好，以客人撂下手里的筷子为标志。换句话说，只要客人没撂下手里的筷子，就说明他还没吃好。

什么时候可以打包呢？要等请客的主人宣布宴请结束，大家准备离席了，这时候才可以叫服务员过来打包。

其次，请客的主人在宣布散席之前，首先要征求客人的意见，问客人有什么菜需要打包，这里有两层意思：一是客人喜欢吃的菜，在餐桌上没吃好，盘子里还剩下一些，可以让他带回去，热一热接着吃；二是客人喜欢吃的菜没吃够，主人可以给他再点一份，让他带回去。

主人征询完所有客人的意见，大家都提出不打包，这时候，主人才能提出哪道菜自己打包带回去。

过去，中国人要面子，讲究耗财买脸。请客做东的人为了体现自己的大方，有意要多点菜，宁愿吃不了，剩下一些。按个别地方的民俗，这叫顿顿"有余"。其实，这是一种不良的陋习。请客吃饭剩菜剩饭，不符合中国人的规矩。

从营养学的角度说，吃剩菜剩饭对人的身体并没多少好处。所以，请客的时候点菜要恰到好处，尽量避免出现剩菜剩饭的现象，这样也就省得为最后打包劳神了。

聚餐怎么结账

到饭馆、酒楼吃饭，账怎么结？这似乎不是什么问题。世人皆知谁坐东（谁请客）谁结账。

但有时候谁坐东并不明朗，比如几个朋友临时凑到了一块儿，到饭馆吃饭，吃完了，大伙儿出于情面，都张嘴说要结账，这个账怎么结？

　　还有您的资历深、岁数大，跟几个年轻人一起吃饭，该谁来结账？这些都属于带人情的账，怎么结？很难说清楚。咱们在这儿不得不聊聊中国人的规矩。

　　其实，中国古代有钱的大户人家，在有名的饭庄、酒楼都有自家的账户。平时请客吃饭，都记在账上，到年底才上门结账，根本不用每次吃饭都掏钱结账。正因为如此，跟有钱的朋友聚餐，您不用考虑谁结账的事儿。

　　也许是老年间留下的这个不成文的规矩，如今只要是跟着有钱的主儿赴饭局，您就踏踏实实地吃喝，不用考虑谁掏钱的问题。

　　中国人要面子，尤其是有钱的主儿（大户），在饭桌上，您拦着他结账，等于看不起他，甚至他会认为您是在寒碜他。所以在这种局面儿上，您千万不能张嘴说结账二字。这就是规矩。

　　几个朋友临时聚餐，也是"吃大户"的规矩，即谁有钱，谁坐东。但赶上这位"大户"抠门，瓷公鸡铁仙鹤，玻璃耗子琉璃猫，一毛不拔，怎么办？那只有大方的主儿慷慨奉献了。中国人没有"AA制"这一说，但人家结了账，等于大伙儿都欠着他的人情。为了还上这个人情，其他人可以轮流做东。

　　岁数大、资历深的人跟年轻人吃饭，一般是岁数大的人结账。但也有具体情况。假如年轻人上门求老人办事儿，虽然老人是主，年轻人是客，也要年轻人结账，因为您是求人办事的。但一般的串门儿做客，又另当别论。

　　按中国人的规矩，在饭馆吃饭结账时，有几种情况属于大忌。

一是说好做东，见服务员过来结账的时候，找借口闪（躲）了，比如站起来说上卫生间，借口打电话、接电话等。北京话管这种人叫"耍鸡贼"。既然说好请客，花多少钱也要认头。

二是既然说好做东请客，就要大大方方，让大家尽兴，在点菜时不能扣扣搜搜，显得小里小气。但这里并非让您摆谱儿，讲排场，大吃大喝，只是要让大家吃得满意。所以最好的办法，拿菜谱让每人点一道两道菜。

三是结账时花多少钱，都不能皱眉头、念叨儿，要知道您是请客的人，花钱不为别的，就为了让大家高兴。您一皱眉头，大家心里能痛快吗？

四是在结账时，不能玩虚的。中国人爱面儿，喜欢客套，有时在饭桌上，看人家要结账，出于客套，也假模假式地摸摸兜，或抬抬屁股说一声：我来吧！其实，这是虚晃一枪，也许他连钱包都没带，来什么来？

按中国人的规矩，饭桌上结账的时候，千万别来这套虚情假意。因为如果碰上一个认真的人，您不是说您来吗？好，这个账，您结吧！您说您这不是烧鸡——大窝脖儿吗？

五是在请客的人结账后，即将散席的时候，客人一定要多说感谢的话，不能对饭菜有意见，即便真没吃痛快，也不能对饭菜挑毛病。因为您对饭菜挑毛病，就是对请客的人有意见。

人家花钱请您，临了儿还落许多埋怨，人家心里会怎么想？

以心换心，您不说感激的话，也就别发牢骚了。吃人家的嘴软呀！没辙。这就是中国人的规矩。

散席要由主人发话

俗话说，天下没有不散的筵席。再美好温馨的宴席也有散的时候，但散席得有人发话呀！

一次聚会，一场宴席，谁最后有资格说散场这两个字呢？

按中国人的规矩，只有主人，也就是做东请客的人，才有资格说散席这两个字。

当然，现在像模像样的宴会都会聘请主持人。主持人在台前张罗着宴席的每个程序，从开场到结束都由他来宣布。

但实际掌控着宴会全局的，是幕后请客的东家，也就是这场宴席的主人。所以，宴会什么时候结束，主持人也得听主人的。

为什么宴席何时结束要听主人的呢？

因为只有主人清楚参加宴席人的情况，对他们的脾气秉性、兴趣爱好有大致的了解。

所以，吃到什么份儿上，喝到什么程度，能让这些客人高兴，不能让他们挑礼，主人心里最有数。因此，宴席什么时候可以散，只能他发话。

离席要让客人先走

聚会或宴席散了之后，主人和宾客怎么离席，是主人先走，还是宾客先行，中国人是有规矩的。

一般的聚会或宴席，是宾客先行。您忘了那句老话"客走主安"了？

这也符合宴席的程序，因为这个聚会是您张罗把宾客请来的，既然人家是客人，宴席上的每个程序都要先考虑客人，让人家满意为主。

让客人先走是因为聚会或宴席结束以后，还有很多收尾之事等着您处理，您不能拍拍屁股就走人。

此外，您作为请客的主人，散席之后还有送客的活儿，比如年纪大、腿脚不灵便的客人，您得想办法，或派车或叫出租车，让他们平安回家。

重要的客人，您不仅要安排车送，还要把他们送上车，这才能告别。

对一般的客人，您也要把他们一一送到酒店的门口，直到客人陆续走了，这才到您离席的时候。

/ 中国人的规矩

交际篇

——一些待人接物与
称呼别人的规矩——

三天为邀，两天为请

中国人请客或者造访（拜访）讲究要打"提前量"，也就是提前告知。通常请客吃饭，或者参加其他活动，叫邀请；登门造访，叫约访；拜访重要人物或者长辈，叫约拜。

为什么要提前告知呢？除了让请客的人有所准备，这也是一种礼仪，或者说礼数。

按中国人的规矩：三天为"邀"，两天为"请"，当天为"提（读 dī）拉"。既不能提前，也不能当天，以三天为好。

您也许会说，咱礼大点儿，提前个十天八天的邀请人家行不行？不行。为什么不能提前呢？

因为您要请的人，也许有公务在身，也许有要事相扰，这叫"官身不由己"，您通知他早了，有可能他扭脸儿就忘了。三天，这是约定俗成的"邀人"时间。

当然，您也许把被邀请的人给忘了，头两天才想起他来，这时，再约他也不迟，两天为"请"嘛。

但是，您如果请客的当天才想起他来，那最好就不要"请"人家了。当天"邀"人家，就不是"邀请"，而是"提拉"了。

提拉人，等于寒碜人，给人添堵了。中国人最忌讳当天请客，因为当天请人吃饭，有凑数之嫌。中国人也把这叫作"填桌"。

提拉人"填桌"，就不是请客，而是寒碜人、轻蔑人。所以，您请客的时候，一定要记着这个老规矩。

自然，也有例外的时候，比如被请的人跟你是莫逆之交，或是至亲。您请客或搞活动，想让他给您捧个人场，万不得已，当天把他"提拉"过去。

因为是非常亲近的朋友，人家当天请您，您也不能不讲交情，不给面子。中国人有"熟人不讲理（礼）"这一说儿。

至于造访或拜访，则一定要提前一天跟人家打招呼。过去是送"访帖"，有了现代通信工具以后，是打电话约。

需要注意的是，不能短信或微信约访。为什么？按老规矩，您要访谁，即使不能提前见面，也要提前说句话，这是起码的礼节。

贵宾的请帖要亲自送

请客这个词儿，现在主要是指吃饭。过去，这个词儿包括所有活动，只要是请人来，都算请客。而所有被请的人，也都是客人。

但是，人有长幼，客有亲疏。对不同的客人，自然要区别对待。按中国人的规矩，不管您是什么内容，只要是请客，对尊贵的客人，必须有请柬，而且这个请柬要亲自送到家。

请柬，中国人又叫"请帖"或"帖子"。它可不是中国人的发明。据说早在"上三代"（夏、商、周）就有类似请柬的"帖子"了。"柬"在古代跟"简"同意，就是刻在竹子上的书信。

那会儿，咱们的老祖宗还没发明纸，书呀，信呀，都刻在竹子上，比如孔子的《论语》这类国学经典，最初都是刻在竹子上的，所以又叫"竹简"。刻在木头上的书信叫牍。在古代，也有用木头"写"（刻）请柬的，一般称为"尺牍"。通常刻在木头上的公文，称"文牍"或"案牍"。

正因为古人的请柬是刻在竹子或木头上的，刻着费劲，所以最早的请柬非常简单，只写活动内容、时间及地点，最后是两句敬语。后来的请柬也延续了这种行文简单的方式，慢慢形成了一种文体。

其实，请柬这种方式，流行于世界许多国家。美国的请柬上，往往还要写着 R.S.V.P.。这是法语的短语，意思是："敬请回复。"美国人很实际，请柬送到后，要求接到请柬的人迅速回复，以便确定座位。

中国人送请柬，也有两种方式：一是让人代送，二是本人亲自送。通常是找人代送。因为请的人多，如果每个客人都要亲自送，那么请客的人得累趴下。但对于重要的宾客，必须本人出马，亲自把请柬送上门。用北京话说：得本人亲自下帖子。

什么是重要的客人？拿举办婚礼来说，按老规矩，起码您和未婚妻的直系亲属、双方单位的领导、有名望的朋友、父辈的老朋友，以及证婚人、主婚人，等等，要亲自登门送请柬。

对重要的客人亲自送请柬，除了是一种礼节，表示对客人的敬重，还有一个目的就是跟客人确定能否参加您办的活动。美国人要求客人对能否参加活动要及时回复并写在请柬上，而中国人则要求亲自登门，当场确认。

由于人到礼到，通常把请柬直接送上门，客人也就不好意思推却了。正因为如此，中国人现在在很多重要的场合还认这个老规矩。

　　　　　　　　　　　　　　　　／ 中国人的规矩

请柬 要(帖) 亲 送

北京人叫"帖子"，不管是什么内容，只要是遵贵的客人必须有的柬，而且要亲自送到家

请柬，亲自送到家

渔乃写意京华风情并题

人与人之间的客情儿

　　客情儿，算是北京人的土话。它是指某个活动或某种场合碍于自己的身份或名望，本不该露面（参加），但主人鼎力相邀，盛情难却，只好前去捧场。这儿的"客"字，有两层含义：一是做客，二是客气。

　　与客情儿相应的，还有一句北京土语，叫"客串儿"。

　　什么叫"客串儿"？比如《黄鹤楼》这出戏，当天晚上就要演出，扮诸葛亮的老生突然病了。没辙，只好请"票友儿"李先生来"救场"。整出戏，除了这位李先生，其他演员都是专业的。这位李先生能跟这些人同台演出，就叫"客串儿"。

　　"客串儿"也有客情的成分，但它专指京剧表演。从"客串儿"这个词儿的含义，您就会知道，客情儿也有"救场"的意思。

　　中国人好面子，举办一些活动，喜欢请一些有头有脸儿的人来"压场"。这么做，一是为了烘托气氛；二是显得体面，以此在众人面前露脸，抬高自己的社会地位。说起来，这是一种虚荣，但这也是俗例儿（民风），而且延续至今。

　　中国人重视人情世故。人家登门拜访，请求您出面捧场，您自然不好驳人家的面子，只好如约前往。这就叫客情儿。

　　按中国人的规矩，客情儿是不能收谢仪（出场费）的。您给人家红包儿（钱），等于打人家的脸。为什么？因为您一动钱，大数儿，您未必掏得起；小数儿，您拿出来等于寒碜人。

　　比如，您儿子结婚，您请马连良马老板来捧场。人家马老板的出场费是两万块。那时的两万块，办您儿子的婚礼都有富余。您掏得起吗？话又说回来，要是冲着这两万块钱，马老板绝对不会来。他丢不起这个人。所以，您千万不能动钱。在中国以前是这样，现在也如是。动了钱，就丢了情。那也就不叫客情儿了。

但人家出于客情儿，这么给面子来了，自己不表示表示，又觉得过意不去。怎么办？

您可以送些小的礼品，表示谢意，也可以事后设个饭局（酒席），请他吃顿饭，以示感谢，并借此加深你们的交情。

出份子和随份子的区别

人情份往，也是中国人的土话，但它又是中国人的老规矩。

中国人重视礼数，亲戚朋友之间讲究礼尚往来。人情份往，算是礼尚往来的一个方面。

"人情"好理解。"份往"，指的是"出份子"（钱），即亲朋好友之间婚丧嫁娶等方面的挑费（花费）应酬。这种应酬，除了本人要出席，还要往外掏"份子钱"。

北京人忌讳说钱，这种"份子钱"也有说法。婚礼的"份子钱"，叫"纳喜儿"或"贺喜儿"。丧礼的"份子钱"，叫"折祭"，即以钱代替祭品的意思。

首先，份子钱怎么出，是由您跟主家关系的远近亲疏决定的。

其次，份子钱出多少，是由当时人们的经济收入和消费总水平，以及社会风气决定的。20世纪六七十年代，份子钱只有一两块。那会儿，一个普通工人的月收入也就是三四十块钱。现在的份子钱一般要在500元到1000元之间。不可同日而语了。

出"份子钱"有几个老规矩。

一是婚丧嫁娶红白喜事的份子钱数是有区别的。

红事（婚礼）的份子钱，一定要双数：400、600、800或者是整数：100、1000、10000。

白事（丧礼）的份子钱，一定要单数：300、500、700、900等。

二是知道自己吃几碗干饭，别耗财买脸。换句话说，根据自己的经济条件量力而行，能掏一块就掏一块，别逞能。您家境贫寒，掏一块钱，表示个心意，主家也不会挑眼。

三是随大流儿，中国人也叫"随份子"。也就是人家掏多少，您就掏多少，不能少，也不能多。通常"随份子"的，都是跟主家关系一般的人。

"随份子"得有人张罗。这个张罗人会根据当时份子钱的"行情"来定钱数。张罗人把份子钱凑齐后，用"礼纸"（市面儿上有卖的）包好，一一写上名字，在仪式当天，交给主家。需要说明的是：婚礼用红纸，丧礼用白纸。

四是跟主家关系比较近的人，切记不要"随份子"。您的"份子钱"一定要单给，哪怕您给的钱比"随份子"的钱少，也不能"随"。因为您跟主家的关系比较亲近，必须跟"随份子"的人有所区别。

五是"投一还二"。您办婚礼时，王家大哥给了您600块钱。王家大哥办婚礼，您就不能再掏600块了，只能多于这个数。一般是人家给您600，您要还1200。假如您当时手头紧，掏不出1200，至少也要掏800或1000。

什么叫人情份往，您从这些老规矩中，就能咂摸出来。

敲门之前要使声儿

使声儿，就是使用声音当说话，提示别人注意。

在早年间，北京人大都住四合院或大杂院的平房。您到谁家串门儿，尽管事先也有约定，比如约好下午三点多钟到他家，人家也有心理准备，但如果您冷不丁敲门，还是会"惊"着人家。所以，才有使声儿这个老规矩。

所谓使声儿，是想办法出声儿。比如，您去拜访李老师，他家住在院子的北屋。

您进了院，先咳嗽两声儿，或者下意识地自言自语，说说天气，说说院子里的景物什么的。例如："今儿天儿真好！您瞧太阳都照到门口台阶了"或者"嘿，这月季长得真好！多鲜灵呀！"

总而言之，您得想办法出点声儿，让您要去串门儿的这家主人在屋里听到。人家知道您已经进院儿了，好提前有所准备。

使声儿这个老规矩，充分体现了中国人的礼数，也可以折射出中国人的有里有面儿。

通常人们在自己家里，穿着是很随意的。三伏天热的时候，家里没有其他人，您光膀子也没人挑眼。但是客人来访，或者邻居串门儿，您就得"正装"相待了。

因为穿得随意，是对人家的不礼貌。使声儿这个老规矩，就是让您知道来访者进院了，打出点儿提前量，让您换身行头（衣服），或者归置一下屋里凌乱的东西。

一般情况下，您使了声儿，不管主人在屋里应答或者不应答，您都要稍等片刻再去敲门。不能使了声儿，紧接着就敲门，那使声儿就没有任何意义了。

时过境迁，随着城市的发展，北京人大都离开了胡同，住进了单元楼房。尽管居住方式和环境变了，但使声儿这个老规矩，依然还有意义。

现在单元楼门口，大都有对讲门铃，您拜访谁，都要先通过对讲机，其实这跟使声儿差不多。

您按了门铃，主人打开单元门，让您进来，您应该在主人家的门口停顿片刻，留出给主人整理衣着的时间，估摸着差不多了，再去敲门，这才是懂规矩的人。

敲门的手不能太重

在一般人看来，叩门和敲门是一回事儿。从字义上看，"叩"，就是敲打的意思。但在实际生活中，叩和敲还是有区别的。您知道有敲鼓的，但肯定没听说过有叩鼓的。

虽然都是敲打的意思，但叩与敲的区别，应该是手轻和手重的事儿。相比而言，叩，是手轻；敲，是手重。

在中国古代文学作品中，文人造访文人，或者晚辈造访长辈，小官造访大官，往往用叩门。诗词、戏曲中也多用叩门。反之，普通人之间串门儿及商人之间做生意等，多用敲门。如此说来，叩门，属于文词儿；敲门，属于常用语。

您也许知道"推敲"这个词儿，是从唐朝诗人贾岛的《题李凝幽居》这首诗来的。贾岛的诗，原句是"鸟宿池边树，僧推月下门"。午夜时分，月光如水，万籁俱寂，僧人轻轻推开了禅房的门。这是多幽静美妙的情景呀！

可是，诗人反复吟诵这两句诗，感觉不对味儿了。为什么？他觉得不合逻辑，既然是在深夜，万物沉寂，推门又不出声，他怎么会知道"鸟宿池边树"呢？这不是凭空想象吗？显然，这两句诗并非他理想的佳句。

要不人家怎么成了有名的诗人呢？为这两句诗，他夙兴夜寐，翻来覆去地琢磨，最后想到问题出在推门上。

他在夜里起来试了几次，推门确实没声儿。怎么才能出声呢？他想到了叩门。但是叩门的声儿小了点儿，能让屋里的人听见动静，却惊动不了夜宿树上的鸟儿。

只有惊动树上的鸟儿，在静与动之中，您才知道池边的树上有鸟儿，"鸟宿池边树"也才让人可信。

于是，这位贾诗人半夜三更起来，跑到门口，反复推门，敲门。这样推呀敲呀，折腾了十多天，最后推敲出"僧敲月下门"这样的佳句。由此也产生了"推敲"这个词儿。

一个"敲"字，让整首诗立刻"活"起来。推门是没声儿的。叩门声儿又太小，只有"敲"门声，不但让主人知道来了客人，而且惊动了池边树上的鸟儿。鸟儿腾地从树上飞起，月下僧敲门的画面感陡然而出。您想连敲门声，都能把夜宿树上的鸟儿惊起，这里是多么幽静呀！

细品这首诗，您就会明白什么是叩门，什么是敲门了。在中国人的生活词典里，似乎没有叩门这个词儿，人们平时都说敲门，很少用叩门。

中国人说的叩门，特指叩门环。许多中国人家临街的门板上都有一对门环。用手掌轻轻地拍门环，叫叩门。

但大多数北京人早年间住的是大杂院，院门是虚掩的，通常是可以直接推门进院的，所以省了这一环节。

毫无疑问，敲门，开门，进门，是我们每天都要做的事儿。只要不是自己的家，进门都要敲门。怎么敲门，北京有许多老规矩。

首先，不能用劲儿敲门。这儿又涉及敲门的手轻手重问题。手太轻，屋里人听不见。手太重，又把人给惊着了。这完全靠自己来把握。

使劲敲门是大忌。因为老北京城比较安静，平时人们说话都轻声轻语，更别说敲门了。

用力敲门，中国人叫捶门，再使点劲儿，就叫砸门了。砸门，

／ 中国人的规矩

是什么人干的事儿，不说您也明白。捶门，有两种情况。

一是凶事，包括天灾人祸。二是丧事，家里家外死了人，前来报丧，要用力敲门。

其次，敲门要敲多少下？有人说老规矩是敲三下，或紧三慢四。其实，中国人并没这规矩。敲多少下，完全靠自己掌握，直到屋里人听见。

至于说"紧三慢四"，那是敲鼓，不是敲门。但老规矩有缓敲门之说，即敲几下，屋里没反应，可以停顿一会儿，接着敲。

屋里没人不进门

屋里没人，门自然是关着的，人怎么能进去呢？

住过北京大杂院的人都知道，早年间的北京，说不上是夜不闭户，也得说是日不闭户，院里住家的屋门是很少上锁的。即便上了锁，也把钥匙放在邻居家，或者放在窗台上，有时甚至压在门口的蜂窝煤下，门上的锁形同虚设。

那会儿，院里的街坊四邻相处得像一家人，谁出门上锁，反倒不好意思了。有时北屋的二大妈要到胡同口儿的粮店买两斤切面，让西屋的李婶照看一下门，便放心大胆地敞开家门，奔了粮店。

屋里没人却开着门，一点儿不新鲜。与此同时，院里走得近的邻居，有时吃喝不分，北屋张家的孩子，父母下班晚了，肚子饿了，到南屋李大妈家吃两个包子，是常有的事儿。所以住胡同儿的人家，从小儿就给孩子立下规矩，甭管多亲多近，只要屋里没人，都不能进。

为什么要有这规矩？一是出于礼数。人家的家里没人，您进人家屋，这是不礼貌。二是避免嫌疑。人家屋里没人，万一有什么东西找不到了，难免让人猜疑。

除了住家以外，过去，衙门口儿（办公机构）也有这规矩：您去办事儿或找人，办公室没人，只能在外面候（等）着，不能进屋。这个规矩，到现在依然为人们所遵守。

衣帽不能随便放

衣帽归位，就是把衣服（主要是外衣）和帽子放回原处。当然，这是指在自己家的时候。

这里有两层意思，一是长辈出门回家，晚辈要帮长辈把脱下的外衣和摘下的帽子放回原处；二是自己出门回来，要把脱下的外衣和摘下的帽子放好，不能随意往床上或椅子上一扔。

中国人的家庭，讲究生活要有条理，东西该放在什么位置，就放在什么位置，不能乱放，尤其是出门穿的衣服，包括出门时戴的帽子，忌讳乱扔。所以，一般的家庭添置家具，除了桌子、床、衣柜这"三大件"，必须置一个放衣服的衣架。

置这个衣架，一方面，是家里人自己用；另一方面，也是给家里来的客人预备的。通常，家人的外衣和帽子都挂在衣架上，所谓"归位"，其实就是放回衣架上。

为什么中国人忌讳外衣和帽子随意乱放呢?

一是，这么一来，屋子显得乱，怕外人来了看笑话。

二是，外衣也叫"逛衣"，也就是出门逛街的时候穿的衣服。街面儿上什么人都有，衣服上难免带回点儿什么不洁的气味儿，而且赶上刮风日晒雨淋的，衣服上会有一些尘土，所以，对"逛衣"要另眼看待。

三是，"逛衣"都是自己比较中意、出门也显得体面的衣服，如果随意乱放，必然会弄得皱皱巴巴的，出门时影响情绪。

所以，中国人有个老规矩，出门时穿的衣服、戴的帽子一定要归位。从哪儿拿的，还放回哪儿。

这个老规矩跟早年间朝廷官吏每天"点卯"有关。在有皇帝的年代，朝廷的大臣每天的"卯时"就要上朝，大臣们戏称"点卯"。

大臣们上朝就要穿朝服。中国人把朝服叫"官衣"。

"官衣"要求板板正正，不能起褶子，所以不能叠起来放，只能找固定的地方挂起来。当官的早起出门穿朝服，回到家，便把朝服脱了，归放原位。

这种习惯越来越普遍，后来衣帽归位，也就成了北京人的一个规矩。

坐要有坐相儿

中国人讲究坐要有"坐相儿"。什么叫"坐相儿"？就是坐着的姿势、坐着的样子。

好的"坐相儿"什么样？按中国人的规矩，叫"坐如钟"，即坐在那儿，像钟似的。

这钟可不是家里挂着或摆着的钟，是庙里或从前村口挂着的那种大铁钟。

这种大铁钟有上千斤重，别说风吹人碰，就是五六个大小伙子也挪不动。一个大活人坐在那儿，像这种大钟似的纹丝不动，那不是坐，是受刑！谁也受不了。

所以说，"坐如钟"只是象征性的一种说法，意思是，坐在那儿要像钟一样，不能一会儿抠鼻孔儿，一会儿掏耳朵，乱做小动作。

在明清的古典家具中，有一种直背座椅，横面比较窄，有的直背的背板上面雕着花纹儿，看上去很精致，但您坐上去会觉得太板正，有点儿不舒服。您可能会问：干吗不设计得更舒适一些呢？

实话告诉您，这种椅子是专门为妇女和小孩儿设计的，所以也叫"坤椅"。为什么要做成直背的呢？就是让您坐在那儿，端端正正的，像钟一样，不乱动。

中国人有关"坐"的老规矩很多，当然这些规矩，主要是针对跟长辈或客人在一起的场合。您一个人的时候，想怎么坐就怎么坐，没人管您。

说正事儿要坐下

在日常生活中，站着说话和坐着说话的区别，是非常明显的。

站着说话，除了正常的礼仪礼节的成分，给人的感觉是应酬、急促、匆忙、敷衍等。

相反，坐着说话，则显得郑重其事，庄重严肃，给人的感觉是沉稳、踏实、从容、坦然。

所以，中国人有个规矩，站着说话是寒暄，坐着说话是说事儿。凡是有正事儿要说，一定要找个地方坐下。即便是您在马路上，跟朋友见了面，要说正事儿，也要在路边找个台阶或座椅什么的，坐下慢慢儿说。

为什么中国人要有这么个规矩？

一、这是一种礼节，体现了彼此的互相尊重。中国人认为，坐着谈事儿，才规矩。

二、体现了中国人办事儿的认真。中国人有句话叫：有话好好儿说。好好儿说就是慢慢儿说，不能着急忙慌，这叫拿要说的事儿当回事儿。

三、坐下说话，才能心平气和，尤其是说那些疙疙瘩瘩，掰不开镊子（不好办）的事儿。坐下说，能缓和一下气氛。

主人和客人怎么坐

这里说的主和客怎么坐，是指您到别人家做客，或者别人到您家做客时的坐法。

自然，您到别人家做客，您是客；反之，别人到您家做客，您就是主。但不管您是主还是客，在中国人看来，怎么坐，是有规矩的。

您到谁家做客，首先要确定哪个位子是主座，即正位。当然，屋子宽敞，家具摆设一目了然，主座好认。

屋子小，家居摆设比较凌乱，主座就不好确定了。赶上更小的房子，狭小局促，找个能坐的地方都要挪地儿，这种情况，就谈不上主座和次座了。

其实，确认主座主要看两点：一是看家具摆放的位置。不管坐南朝北，还是坐西朝东，一般正中的位子或左边的位子，是主座。二是依主人坐的位置来确认。主人坐在哪儿，哪儿就算主位，客人再作选择。

主座确定下来，才是谁坐的事儿。按中国人的老礼儿，您在家里，包括自己家和别人家，不管您是主还是客，不管您的官大还是官小，也不管您是名人还是普通人，主座一定要让年龄最长的人坐，然后再按年龄大小依次坐下。这就是中国人奉行的长幼有序的老规矩。

其次，主座谁来坐确定后，一定要让坐主座的人先坐。他坐下，其他人才能坐。起座也是如此。要等坐主座的人先起来，其他人才能起身。

此外，还有一些规矩，比如，主座的高度，一定要超过次座。主座的位置要在次座的左手或对面儿，等等。

赶上屋子小或者地方狭促，也是先让年龄最长的人找地方先坐，其他人再说，找不到坐的地方，那就只能受点儿委屈，在一边站着了。

客套虽俗也要讲

客套，是指中国人待人接物的客气套路，或者说是礼仪套路。这些套路是经过若干代人上千年光阴的浸染，受到世俗民风的淘洗和历练而形成的，代代相传。

因此，这些客套也是非常有"生命力"的。

客套之所以被视为一种规矩，是因为很多时候，您必须得按这些客套办，尽管您会觉得有些客套显得比较虚伪或是繁文缛节，并不符合现代人的生活方式。但您不这么办，就会受到人们的指责。

比如您到朋友家做客，或者朋友到您家做客，本来有急事儿要商量，但您二位不能一见面就谈事儿，先得寒暄一番。

从进门到落座，从上茶到开始说正事儿，这当中，要说许多客气话。这些就属于客套。您的事儿再急，这些客套话，都不能省略。这就是规矩。

再比如，您跟同事，或者邻居，抑或是什么人吧，总之，因为

客套

客套是老北
京人待人接
物的套路
有些套路有时会束缚人
但必要的客套也能做后辈内心的纠结
与亲自

海方写京华风情并题

什么事儿，有了碴口儿（矛盾），当然彼此心里都有怨恨，甚至结了仇。

但是在公开场合，您二位见了面儿，走了一个对脸儿。按中国人的客套，这时，彼此要互相问好，甚至要上前握手，面带微笑打招呼。

也许扭过脸去，彼此要骂娘。但在公众场合，您必须维护对方的面子。

确实，有些客套会束缚人，但必要的客套，有时也能缓解内心纠结的矛盾。

客人来了孩子怎么站

边儿站，就是在一边站着，当"看客"。

北京人对谁产生厌烦，或者说对谁失去信任，往往会说："得啦嘿，您呀，边儿站吧！"或者说："您呀，边儿靠吧！"

这当然不是顺耳的话，因为后面还有一句潜台词："哪儿凉快您哪儿歇着去。"从这句话里，您能看出北京人对"边儿站"的理解。

其实"边儿站"本身不是贬义词，只有当这个词儿是从对方嘴里蹦出来，才带有贬损之义。

所谓"边儿站"，就是别人谈话的时候，没有您说话的地方，您只能规规矩矩地在旁边站着。这原本是北京的一个老规矩。

在北京人看来，长辈之间谈话，或家里来了客人，晚辈是不能凑到跟前跟长辈或客人坐在一起谈话聊天的，更不能在长辈谈话时在一边儿随意插话。

可能有人会说："那我躲开，不行吗？"不行！家里来了客人，您回避，对客人来说，是您失礼，也是对客人的不敬。同时，也容易让人家产生疑惑：我怎么得罪他了，他躲着我？

每逢这种场合，晚辈必须在场。用北京话说：一来捧人场，烘托人气儿，体现家里人丁兴旺；二来替家里长辈劳神"侍客"。所谓"侍客"，就是侍候客人。

所以，家里来了客人，晚辈在一边儿站着，不是让您当木头人，而是在一边儿帮着长辈照应客人，给客人沏茶倒水，点烟，上水果什么的。

侍客嘛，当然要有眼力见儿，客人有什么需求，尽量满足人家。让客人感觉到家教有规，门风近人。

怎么给客人敬茶

敬茶，也可以视为一种茶礼。在过去，民间流行过一副对联："茶，泡茶，泡好茶；坐，请坐，请上坐。"它说的就是敬茶的茶礼。

茶礼在不同场合是有区别的。这儿主要说的是到朋友家串门儿（做客），或者朋友到您家做客时敬茶的老规矩。

按中国人待客的规矩，客人来了要请上座儿。落座儿后，先打手巾把儿，即端上烫过的热毛巾（热毛巾放在盘子上，所以叫"端"），让客人净面净手。更讲究的主儿，还要给客人端上一杯淡盐水，净净口，然后才上茶。上过茶，还要上茶点、干果。这里有一套规定的程序。

虽然一般家庭待客没这么多讲究，但是客人来了，敬上一杯茶，是起码的礼仪。

据《茶经》的分类，茶器按碗、盏、壶、杯说，共有25种。中国人通常使用的茶具大概有五种：盖碗、泥壶（紫砂壶）、提梁儿茶壶、茶杯（水杯）和搪瓷缸子（杯子）。这几种茶具在上茶、喝茶、续茶（水）时，都是有规矩的。

先说盖碗。这种茶具上边有盖儿，下边有托儿，中间是细瓷的茶碗，所以有的地方也把它叫"三才碗"。

中国人使用盖碗喝茶，始于明代，流行于清代。由于用盖碗喝茶，形成了一整套规矩，特别是在官场上，用盖碗喝茶，成了无声的语言，所以，在中国用盖碗喝茶，也成了有身份人的一个标志。

用盖碗喝茶，是哪朝哪代，什么人发明的？目前尚无定论，也难以考证。

有人认为用盖碗喝茶是四川人发明的。据唐朝的《资暇集》里的一篇叫茶托子的故事记载：这种茶具是由唐代的四川节度使崔宁的女儿发明的。崔小姐给父亲上茶时，茶杯无托儿，觉得烫手，便想出做茶托儿的主意。

木托儿做好了，崔小姐怕茶碗在托儿上，走道的时候不稳，还用蜡给固定住。后来又加以改进，在木托上做了个起稳定茶碗作用的小托。很快这种茶托儿在蜀地流行。

聪明的四川人在茶托儿上尽施雕刻绘画才艺，使小小的茶托儿成了工艺品。据此，有人认为：茶托儿是盖碗的原型，盖碗是四川人发明的。

您看到这儿，是不是觉得这种说法比较牵强？是的，盖碗下面是有茶托儿，但那个茶托儿更像是茶碟儿，只不过它是凹下去的，有个跟碗底儿相合的一个槽儿而已。茶托儿跟盖碗完全是两回事儿。

笔者认为，就瓷器的盖碗而言，这种盖碗儿源自宋代的宫廷，但也有演变的过程。而三件齐备，则是明宫廷造办处辖属景德镇官窑的发明，到明中期已经非常精致了。明以前的瓷器里，尚未发现有盖碗。

鲁迅先生写过一篇叫《喝茶》的文章。在这篇文章里，他特别说到了喝盖碗茶。他写道："喝好茶，是要用盖碗的。于是用盖碗。果然，泡了之后，色清而味甘，微香而小苦，确是好茶叶。"

他的意思是好茶得用好的茶具。当然能喝出好味道，主要还是茶。

用盖碗喝茶，讲究两只手并用，而且"托儿、碗、盖儿"三件不分家。喝茶的程序是这样：一只手（左手、右手都可以）托着盖碗，要连碗托一起托起来。

另一只手掀开碗盖儿，挨近嘴边，用嘴吹一吹漂在上面的茶叶末，然后再盖上，轻轻掀开一道缝儿，用嘴一啜。通常啜三四口，便合上盖，放在桌子上。

如果您想接着喝，不用说话，只需把盖儿拿起来，斜着放在盖碗的碗托儿边上就得。其实这个动作就是"茶语"，等于您告诉主人要续茶。

主人只要看到您把碗盖放在碗边儿，就会明白什么意思，马上会给您续上水。如果您不想再喝了，把碗放下就得。

盖碗茶在官场，只是象征性的点缀，一般情况是不能喝的。因为只要一端起来，就意味着"有情况"，不是对对方说的话不满意，就是对对方做的事有意见，让对方赶紧走人。

这个动作的"茶语"就是：你是不受欢迎的人。中国人有句话叫"端茶送客"，指的就是端盖碗茶。

壶嘴不能对着人

茶具在中国南北方的差异很大。南方人喝茶的茶具比较讲究，除了紫砂壶，还有茶盏等，而北方人喝茶主要是用粗瓷大茶壶。

早年间北方人用的茶壶，都带粗铁丝做的提梁，所以也叫"提梁大茶壶"。一把壶配四个或六个小茶碗。

按北京人的规矩，在壶里沏好茶，端上桌的时候，茶壶的壶嘴儿，绝对不能冲着人。因为按老例儿的说法：壶嘴冲着谁，就"方"（迷信的说法：克人）谁。

倒茶的时候，壶嘴也不能对着人。按规矩，要把茶碗或茶杯拿起来，再倒茶。不能直接倒。此外，倒茶，不能倒得太满，按老规矩，七分满最合适。

中国人品茶，一般分为：察色，嗅香，品味儿，观形。所以中国人接待懂茶的文化人，敬茶，讲究用茶杯。

据史料记载，品茶的茶杯，最初叫茶盅儿。敬茶的时候，茶盅之外还配上茶勺。

描写明代市井生活的小说《醒世姻缘传》的第五十四回，有一段写中国人茶礼的情节：

"那童奶奶使玉儿送过两杯茶来宋红小盘，细瓷茶盅，乌银茶勺，羊尾笋夹核桃仁茶果。狄员外父子吃过茶，玉儿接下盅去。"

您看，那会儿的中国人，待客敬茶就有规矩了。

通常茶杯分为瓷的和搪瓷的，现在也用玻璃的。客人来了，用茶杯敬茶，一定要当着客人的面儿，烫一下茶杯。然后问客人喜欢喝什么茶？选好茶叶后，再用开水沏。

茶沏好后，再把茶杯端上桌。切忌把茶杯放在桌上，拿着暖瓶，直接沏。这样沏茶，一是没礼貌，二是容易把客人烫着。

伙计给续茶（水），要看客人喝没喝。如果客人喝了，再续。客人如果没喝，就不用续。千万不能问："您怎么不喝呀？""给您的茶杯添点水吧？"

按中国人的规矩，您问："客人添不添茶？"或"续不续水？"实际上，也就意味着跟客人待得不耐烦了，让客人赶紧起座儿走人吧。这跟"端茶送客"的意思差不多。

做客抽烟要征求主人意见

家里来了客人，给客人递支烟并替客人点上，这叫敬烟。

中国人的敬烟，通常只出现在家里和饭局上。在衙门（机关）、学堂或交际场合，不讲究敬烟，这倒不是因为那会儿实行禁烟，而是出于礼貌。

因为您不知道人家抽不抽烟，知道人家抽烟，您并不知道人家抽什么烟，所以，为了双方都不尴尬，一般在"外场"（社交场合）不敬烟。

我们现在见到的香烟，也叫卷烟。卷烟的烟叶原产于中南美洲，后来传遍世界各地。

据说中国的烟草，是郑和下西洋的时候带回来的。明万历年间，利玛窦以鼻烟入贡，后来，鼻烟风靡朝野，当然，帝都的子民从此也就与烟为伴了。

抽烟和喝酒一样，是有"级别"的，这里说的级别，包括烟好烟赖，也包括抽烟者的烟瘾有多大。有的人一天抽五六根儿足矣，有的人烟不离口，一天三包打不住。

过去，中国人抽烟，主要是用烟袋锅子抽叶子烟（旱烟）。烟袋锅子分烟袋锅儿、烟袋杆儿、烟袋嘴儿。叶子烟按产地分，有河南的、山东的、关东的。

一般抽烟的人，烟袋锅子不离身，到谁家做客也带着。客人到家里来，主人给客人敬烟，只需把装烟叶的笸箩或盒子递过去就得。

中国古人的鼻烟，不是抽，是闻（嗅）。把特制的烟末，装在鼻烟壶里，烟瘾上来，把鼻烟壶掏出来，伸右手，大拇指和其他手指分开，在合谷穴位的位置，倒上一点烟末儿，用手轻轻揉几揉，然后放到鼻子前一抹再吸两下，就算是闻了。中国人俗称："抹花蝴蝶儿。"

当然，鼻烟可以让别人闻，鼻烟壶则是自己的宝贝。中国人抽烟讲究派头儿，当然，有派头儿的人要抽好烟。如此一来，抽什么烟，也是地位身份的象征。自然，给客人上什么烟，也成了一种体面。

说起来，香烟生产的历史并不长。最早的卷烟也是从国外进口的，民国以后，我们国家才有自己的卷烟厂。

有过滤嘴香烟，是20世纪70年代后的事儿，在此之前，人们抽的香烟，都没"嘴儿"。

不管带不带嘴儿，也不管是什么烟，中国人抽烟认牌子。所以，热情好客又会过日子的中国人，碰到有人送名牌的香烟，一定留着，预备待客，自己平时却抽低价烟。而香烟是不能久放的，所以，有时给客人敬的好烟，往往是好看不好抽。

按中国人的规矩，客人到别人家里做客，不能主动要烟。想抽烟，也要看主人在桌上备没备烟灰缸。如果没备，说明主人不抽烟，您的烟瘾再大，也要忍着了。

实在忍不住怎么办？您跟主人言语一声，到室外去抽，这一点不寒碜，反而让主人高看您，因为您懂礼。

如果主人抽烟，您也抽烟。按老规矩，主人给您什么烟，您

　　　　　　　　　/ 中国人的规矩

都要大大方方接过来，道声谢谢，再大大方方地抽。绝不能嫌人家的烟不好抽，摆手不要，却从兜里掏出一盒比人家的烟牌子更好的抽。这么做，等于寒碜人。

假如主人敬的烟，实在太次，您抽着燎嗓子。您可以抽两口，掐灭了，再掏出自己平时抽的烟，掏出一支先递给主人，说点儿让他尝尝这烟，换换口儿之类的话，然后再自己抽。这叫给主人留面子。

现代生活，人们讲究养生和环保。"二手烟"已成了天敌，抽烟已经是不招人待见的事儿了。

不要轻易问客人年龄

中国人喜欢问人家的岁数，其实有时人家活多大岁数，跟你没有任何关系。

中国人在社交场合，见面寒暄，一般必问这四项：贵姓、台甫、府上、贵庚。

"贵姓"，谁都知道。"台甫"，就是表字，即叫什么名儿。"府上"，就是住哪儿。"贵庚"，就是多大岁数了。

为什么非要问岁数呢？主要是为了下面交谈的称呼。通常岁数大的要称兄：仁兄如何如何。岁数小的要称弟：贤弟怎样怎样。由此看来，询问年龄，亦是一种礼貌。

但是，按中国人的规矩，有几种人是不能随便问人家年龄的。

一是男的不问女的岁数，尤其是老年妇女和朋友的妻子。二是年轻人不问老年人的岁数。

可是有时候，办什么事儿，需要知道女人和老人的岁数，不得不问，怎么办？按北京的老礼儿，可以拐个弯儿，委婉地问。中国人还给您预备了一些问岁数的好词儿。

比如想知道老年人的岁数，可以这么问："您老高寿呀？"或者您拿眼细观，估摸他有六七十岁，就往少了说："您今年有五十吗？"

快七十岁了，长得像五十。一般老人就爱听这话。他肯定会很痛快地说出自己的实际年龄。

您知道他多大岁数之后，一定要跟上一句："哦，您可真不像那么大岁数的人。"

他如果是八十多岁，您得说像七十岁的。他要是七十多岁，您就得说像六十多岁的。总之，要往少说几岁，讨老人心里高兴了，他也就不忌讳说出自己的真实年龄了。

老人到了垂暮之年，比较忌讳别人问他的年龄。所以，一般情况下，还是不要问人家的岁数。

胡适是有名的大学问家，有一次参加朋友的宴会，碰到了齐如山先生。当时胡适六十八岁，齐先生比他大十多岁。

胡适上来就问齐先生的岁数。齐先生当然有些不高兴。可人家问了，他又不好不说。

胡先生知道齐先生比自己大，讨好儿齐先生说："我看您活到九十岁绝无问题。"

这句话，把齐先生惹恼了。他愣了一下说："我倒有个故事，有位矍铄老者，人家恭维他可以活到一百岁。老者陡然色变说，我又不吃你的饭，你凭什么限制我的寿数？"

胡适听到这儿才明白自己说走了嘴，自讨没趣，急忙跟齐先生道歉："抱歉，我说错了话。齐先生多包涵。"此事成了台湾文人圈儿的一段佳话。

为什么齐先生会瞪眼？一是胡先生问了他的岁数。二是胡先生预言了他的寿数。

要知道老人是特别忌讳人家说他能活多大岁数的。所以，您最好记住中国人的规矩，在老人面前，还是慎问年龄。

为什么要看人下菜碟

您要是把"看人下菜碟儿"理解为吃饭的事儿，学问就窄了。其实它后头还有一句呢："见什么人说什么话。"所以说"看人下菜碟儿"只是一种比喻，它的主要意思是"见什么人说什么话"。

为什么说看人下菜碟儿是北京人的规矩呢？这跟北京是六朝古都有关系。因为是皇都，北京的老百姓在皇帝的眼皮子底下生活，自然比其他城市的人见多识广，平时人们在社交场合接触的各色人等非常复杂，而且南来的北往的，当官的为宦的，杂陈于民间，所以人际交往错综复杂。

中国人重视礼数，在待人接物时，谁都不敢怠慢，因此，必须要看人下菜碟儿，见什么人说什么话。否则，得罪谁，您都担待不起。所以，当长辈的从小就教育晚辈，懂得这个规矩：看人下菜碟，不能不知深浅，乱弹琴。

要做到看人下菜碟，首先要察言观色，弄明白对方的身份和兴趣爱好。比如对方是没念过书的白丁（文盲），您跟他聊孔夫子的《论语》，就文不对题了。对方是个花儿把式（园艺师），您跟他聊厨师和灶上的事儿，也不合适。

这些还倒无伤大雅。关键是了解对方的心情，避谈对方的短处。比如对方家里刚死了人，心里正难过，您就不能再谈让他伤心的事了。再比如对方有过前科（蹲过大狱），这当然是人家的隐私，您在聊天的时候，就要避开这些话题。

看人下菜碟，常常让有些人认为，这反映了人的圆滑，是"京油子"的体现。其实，这是一种误解。

首先，看人下菜碟儿，跟见风使舵、溜须拍马、阿谀奉承是两码事儿。其次，在我们的日常生活中，我们所做的恰恰是投其所好，看人下菜碟儿。

比如您请朋友到饭馆吃饭，朋友是广东人，不喜食辣，您却偏要给他上四川菜，这不是有意跟他过不去吗？再比如您的老父亲八十多了，牙口不好。吃饭的时候，您非要给他贴饼子、炸丸子，这不也是难为他吗？要想让他们称心如意，您必须得根据他们的喜好下菜碟。因此，我们把看人下菜碟儿作为一种礼数，当作一种规矩，还是有道理的，也符合生活规律。

看人下菜碟儿

说白碟就
是在日常生
活中您别
哪壶不开
您就提
哪壶泪事
渔儿图
但京风
惜并点
於京华
了然斋

话到礼到是怎么回事儿

话到礼到，是中国人常说的一句话，也是中国人的规矩。有人说，北京的有些老礼儿是说出来的。此言不假，要不怎么说"话到礼到"呢？

在中国人的生活词典里，有些话没跟上或者没到位，就意味着"礼"没到那儿。

比如您跟着长辈或领导一起出行，他们上了岁数，在下台阶时，您关照一句："您要多加小心，慢着点儿走。"

跟他们分手时，见他们手里拎着东西，您过去说："您瞧，真是过意不去的，还得让您自己拎着。用不用我帮您拎一会儿？省得您自己受累了。"

这就是话到礼到。尽管您没上前搀扶他们，但您的话到了，让他们听了心里舒服。

其实，了解国人人性的都知道，中国人但凡自己能干的，绝对不麻烦人。所以，您说过去帮忙也好，搭把手也好，人家准知道这是客套，不会让您扶，也不会让您帮忙拎。

但您的这番话，就是礼。让人感到是一种体贴，一种温暖，同时，也是一种慰藉。

所以，您在日常生活中，千万不要吝惜语言，该说的话，一定要说到，这才是有礼有节，落落大方。

会见异性要敞门儿

会客，尤其是谈点儿个人隐私，当然不愿意让别人听见，门儿唯恐关得不严，谁会敞开门儿会客？没错儿，这是一般现象。我说的则是特殊情况。

什么特殊情况呢？比如，您是男士，去拜访一位女士。您长得一表人才，穿着打扮也很时尚。那位女士恰值芳龄，相貌端庄，气质可人。这位女士家里，就她一个人。

遇到这种情况，您进她家后，随手把门关上。如果让外人看见，在不知情的状态下，他是不是会认为您有非分之想？您还别不信，真备不住！过去是，现在是，将来还会是"真备不住"。

所以，中国人有个老规矩：家有女眷，单独一个人在家的时候，大老爷儿们应该回避。非有事儿要说，对不起，您不能关门，必须把门敞开。这样，您不给人家找麻烦，自己心里也踏实。

中国的老传统：男女授受不亲。尤其是年龄相近的男女，在交往中有许多禁区，这是众所周知的。

过去，城市里的中国人大都住大杂院的平房。有的一个院子住几家、十几家，出来进去的，人多眼杂，男女之间在生活细节上如果不注意，很容易给人留下"话把儿"（闲话）。所以，要处处留意。敞门儿会客就是这个原因。

现在居住环境跟过去相比，已经大不相同了，很多城市里的人住进了单元楼房。但不管住什么房，这个老规矩，也还在沿用。当然，在机关办公室也适用。

如果不想敞门儿，也好办，男的或女的，双方哪怕有一个同性别的人在场就行。

男人不夸女眷

中国人有句老话儿："孩子瞧着永远是自己的好，媳妇看着永远是别人的好。"既然是老话儿，现在听着，就会感觉有点儿"老"。

新社会，新观念。如今的人，比过去可自信多了：不但孩子是自己的好，媳妇更是自己的好。

但如果平心静气地琢磨这句老话儿，您会发现，这是很正常的一种心理状态。

当妈妈的，亲手把自己的孩子带大，在她的眼里，别人的孩子再好，也是别人的，当然自己的孩子要比别人的好。

当丈夫的天天看着自己的媳妇，眼睛难免会产生疲劳，看见别人的媳妇，且不论美丑，总会有一种新鲜感，所以总觉得人家的媳妇在某些方面要比自己的媳妇好。

其实，这只是一种心理活动而已，看别人的孩子没自己的好，您也不至于上去咬人家两口。瞅别人的媳妇好，您也舍不得跟自己的老婆离婚。既然是心照不宣的事儿，当然也就不能口无遮拦了。

中国人是知书达理的，自然特别担心男女之间的"授受不亲"，所以有个老规矩，男人不夸女眷。您可看好了，这儿说的是女眷，而不是女人，也不是媳妇。"眷"可是亲属的意思。

中国人之所以说女眷，而不说媳妇，那意思是：女性的亲属，您都不能夸。不过，这里的女眷是指平辈或下一辈的人。长辈是敬重的对象，不在这之列。

早年间，有个老相声段子叫《夸住宅》，其中有一个"包袱"，逗哏的问了捧哏的家里一大堆女眷好儿。

捧哏的问："你怎么光问我们家女的好儿呀？"

逗哏："我们家男的多。"

捧哏："怎么着，咱搬到一块儿住去怎么着？"

逗哏的抖了个包袱："我看行。"

当然他遭到捧哏的一顿奚落。

您看，别说夸女眷了。连问女眷好儿，都容易让人起疑心：怎么？您惦记上她们了？

当然，这儿的"惦记"，可是另外一层意思。

有人认为，男人不夸女眷的规矩现在已经过时了，其实，这个规矩在任何时候都适用。在现实社会的人际交往中，男人在谈论女眷的时候，这个规矩还是应该遵守，因为，它也是男人对女性的一种尊重。

小孩儿不近座儿

按中国人的老规矩，家里来了客人，没成年的孩子是不能近座儿的。所谓不近座儿，就是不靠近主人和客人坐的座位。

换句话说，家里来了客人，是大人们的事儿，跟孩子没什么关系，递名片能凑过来，跟客人聊天儿。

通常的做法是，家里来了客人，父母或爷爷奶奶把孩子叫过来，让孩子跟客人见个面儿，大人把孩子介绍给客人，孩子向客人行礼问好后，便跑一边儿该干什么干什么去了。这个老规矩，在中国几乎人人皆知，家家遵守。

中国人为什么要定这么个规矩？

一是出于对客人的尊重和礼貌。

二是怕孩子小，待不住，吵吵闹闹，影响大人谈话。

三是孩子乳臭未干，尚未涉世，大人们的谈话内容，很容易被孩子听了以后曲解，传到外面闹误会。

当然，也有特例，比如大人聊着聊着，聊到了孩子，便把孩子叫过来，跟客人聊几句。当然，这只是一种客气，聊也是寒暄。

客人跟孩子象征性地聊几句之后，大人就会让孩子走了，不会让孩子跟着大人"陪绑"。

说老实话，孩子有自己的世界。客人到家里来，孩子也不愿意"近座儿"。

孩子不近座儿

家里来客人，孩子不能靠非近主人和客人的座位包括干些干什么去

当为写意，但京风情人物，并是於京华菜馆然亭畔

别当着外人"咬耳朵"

中国人通常把耳语，也就是交头接耳，叫"咬耳朵"，或者说是"小嘀咕"。

耳语，就是怕别人听见，对着对方的耳朵小声说话，有时怕声儿传出去，还要用手挡着嘴。

如果就是两个人，怕别人听见，或者怕碍眼、影响别人，说话用耳语，倒也没什么。从某种意义上说，这还是文雅之举。但如果是两个以上的人在场，您说话时用耳语，那就犯忌了。

按中国人的规矩，在长辈面前或者在外人面前，绝对不许"咬耳朵"，犯"小嘀咕"。所谓"外人面前"，一般是指在客人面前，或是在大庭广众之下。换句话说，就是在众人面前，不能"耳语"。

中国人为什么要立这规矩呢？

一是在大庭广众面前"咬耳朵"，窃窃私语，形象不雅。大多数中国人都比较直爽、率真，说话办事儿，讲究落落大方，坦坦荡荡，开诚布公。

当着众人的面儿，您"咬耳朵"，显得行为猥琐。在中国人看来，只有见不得人的事儿，才怕别人听见，所以，当众"咬耳朵"，被视为"小人"之举。

二是容易让人起疑，产生误会。在公众场合，尤其是在别人说话的时候，您"咬耳朵"，犯"小嘀咕"，会让人心里猜疑：是不是对我有什么想法？我哪句话说错了？我怎么得罪他了？他是不是在说我的坏话？假如您跟别人"咬耳朵"的时候，眼睛再看着其他人，那就更容易让人起这种疑心了。

三是在大庭广众之下，跟人"咬耳朵"，是对他人的不尊重。在公众场合，要举止大方、坦坦荡荡，注意力要集中在活动的主题上，如果别人都在围绕活动的主题谈话，您却私下犯"小嘀咕"，是不是对其他人的不礼貌？

正因为如此，中国人比较介意在公众场合"咬耳朵"。所以对咬耳朵的举止，亮了"红牌"，立下这规矩。

当然，中国人有这样的老规矩，跟封建社会内廷皇权至上的戒律有很大关系。当时的朝廷上下是绝对禁止"咬耳朵"的。

您想文武百官在上朝的时候，当着皇帝的面儿"咬耳朵"，等于在窃窃私语，说什么见不得人的话，属欺君之罪。

欺君？那不赌等着脑袋搬家吗？

当然，这条戒律不光是在皇帝面前，在官面儿上也如是，都不许"咬耳朵"窃窃私语。

这个规矩自然要影响到各个地方，民间的老百姓虽然不在皇帝眼皮底下，但也约定俗成地立下规矩，在正规场合和大庭广众之下，也不能"咬耳朵"。

打喷嚏要背过脸儿

中国人有人生"三大痛快事"一说。这三大痛快事是：放声大哭，打喷嚏，放屁。

打喷嚏要背过脸儿。

人生三大痛快事之一，打喷嚏是其一。

潘文智意

当然，这属于民俗。三件事，虽然都不雅，但又是人人都干过的事儿，而且确实都挺痛快！

痛快是痛快，但痛快也得分场合地点。您一个人在家的时候，可以撒开了痛快，没人管您。有第二个人在您眼面前，您就得有所收敛了。

按中国人的规矩，这"三大痛快事"，当着人，都不能干。

但问题出来了。当着人不能放声大哭、放屁，好办。可以忍着，憋着。这打喷嚏，实在是憋不住呀！

再者说，有喷嚏要打，您愣憋着，也容易憋出毛病来。

老规矩对这类忍不住、憋不住的事儿，另有说法。比如打喷嚏，按老规矩，当着人可以打，但一定要背过脸儿去。

为什么当着人打喷嚏，要背过脸儿？

一是出于礼貌和文明。二是出于卫生。要知道，在显微镜下，一个喷嚏有几十万个细菌。打喷嚏是传染病重要的传播途径。

背过脸儿打喷嚏，算是文明之举，因此，这个老规矩，现在也还适用。

吐痰要用纸巾

前几年，有人在列举现代中国人日常生活的"十大不文明现象"时，把随地吐痰列在了第一位。

确实，随地吐痰是中国人的顽疾。古往今来，人们就痛恨这个坏毛病，并且对随地吐痰这件事，立了许多规矩。

在《大明会典》里，明确规定："官员入朝门，须拱手端行，威仪整肃，不许私揖及吐唾不敬。"

这是官员进了东华门，在上朝的路上，不许随地吐痰。到了面见皇上的金銮殿，规矩可就更严了。

"令朝班内或言语喧哗及吐唾在地者，许序班挐送。"您瞧，到了宫廷，您要是嗓子眼痒痒憋不住，往地上来这么一口"呸"，那可不是训诫的事儿了，当场拿下，保不齐脑袋就没了。

历史上真有因为随地吐痰而脑袋搬家的。据《资治通鉴》记载，北魏的太祖拓跋珪当了皇帝以后，仿效中原文化，在朝廷内外制定了各种礼仪，其中就有不能随地吐唾这一条。

偏偏有人对拓跋珪立的这些规矩视而不见，听而不闻。谁呢？

《资治通鉴》记载："左将军李栗性简慢，常对（拓跋）珪舒放不肃，咳唾任情，珪积其宿过，遂诛之。群下震栗。"

这位李栗将军居功自傲，性格大大咧咧，平常在拓跋珪面前也是无拘无束，恣意妄为，居然还敢当着皇帝的面儿吐痰。拓跋珪能不急吗？当场让他脑袋搬了家。

因为一口痰，命没了。您说冤不冤吧？但从中也可以看出人们对随地吐痰恶习的厌恶。

但各种规矩并没有管束住吐痰的陋习。新中国成立后，为了提高人们的公共卫生意识，各地政府把禁止随地吐痰当成改变社会风气的大事来抓，而且一些城市还把禁止随地吐痰纳入城市管理条例，在公共场所发现有人随地吐痰会进行处罚。

记得在 20 世纪 90 年代，上海、北京等大城市就有这样的处罚规定，在繁华街道、影剧院、体育场馆、公交和地铁车站，以及各个公园等公共场所随地吐痰，罚款两角到五角钱不等。

为了实施这个管理条例，当时，有关部门还组织专人上街进行巡查，发现口吐"莲花"者当场罚款，毫不留情。从当时电视台记者的现场报道看，这些执法人员每天带几百张罚单都不够用的。

一张罚单虽然只有几毛钱，但随地吐痰的人多，算算，一天的战果也很惊人。上海最初的罚款是两角钱，一天下来罚款达到了两万多元。

尽管初战告捷，但想靠罚钱改掉陋习谈何容易？于是有人提出罚款两角或五角钱，对有些人来说无关痛痒，应该把罚款提到一元钱。

后来有关部门还真采纳了这个建议，在北京的繁华街道吐一口痰，罚款一元钱。

那会儿，人们的收入普遍不高，公务员一个月的工资，撑死了三四百元。农民的收入更低，当时，鸡蛋不到一元钱一斤。吐一口痰的代价，相当于吃掉一斤鸡蛋。

一个外地农民来北京看病，在王府井大街吐了四口痰，被罚了四元钱，罚到最后，这位老兄蹲在地上哇哇大哭，四元钱对他来说，等于割了身上四块肉呀！

但就是这么罚，照样每天有人在王府井大街"噗噗"地表演"痰吐之功"。当然罚钱不是目的，主要是为了治理恶习。后来，因为这种罚的办法不灵，随地吐痰罚钱的事也就不了了之。

当然，一种坏毛病成为恶习之后，改起来是非常难的。为了根治随地吐痰的陋习，人们想了许多招儿，但效果都不大。

于是，人们开始反思，为什么随地吐痰的陋习这么难改？治不了标，能不能回过头来治本？

什么是治本呢？

所谓治本，就是从根源上防治。人的呼吸系统有毛病才会有痰，想办法让人们少患支气管炎、肺炎等呼吸道疾病，人们就是想吐，也找不到痰了。

医学专家认为，吸烟是引起人们生痰的重要原因。大力开展禁烟运动，让人们少抽烟或不抽烟，这无疑是治理随地吐痰的一个妙招儿。

从 20 世纪 90 年代末开始，中国便从上到下开始了全面禁止吸烟的运动，最初是公共场所不让吸烟，后来发展到机关学校和企业事业单位的办公室以及餐饮业的大小饭馆禁烟。

再后来，所有带屋顶的地方都禁止吸烟。能吸烟的地方越来越少了，在这种围追堵截下，许多老烟民戒了烟。

目前，中国人抽烟的数量比过去明显减少。当然，您就是没戒烟，在日常生活中，想抽烟也会受到诸多限制。

全民禁烟运动的力度前所未有，也确实取得了惊人的成效，这种成效之一就是吐痰的人少了。

另一个治本的招儿是，整治城市的生活和工作环境，提高人们的环保意识。如今各个城市的公共空间变得越来越干净、漂亮、

/ 中国人的规矩

整洁了。当您身处一尘不染的地方，就是嗓子眼儿再痒痒，也不好意思把那黏糊糊的污物吐在光洁如玉的地面上。

当然，说到吐痰治本的问题，最主要的是嗓子眼儿有了痰，不能憋着，不往地上吐，往哪儿吐？

最好的办法是自备纸巾或卫生纸，如果嗓子眼儿痒痒，赶紧把它拿出来，痰吐在纸上，然后找个垃圾箱扔掉就是了。

中国古代的人，为了解决官员上朝时吐痰的事儿，专门发明了"唾壶"。"唾壶"后来也叫"唾盂"。

我在艺术品拍卖会上见过"唾盂"：拳头大小的瓷器，工艺非常精致，像一件艺术品。如果不说它的用途，谁也想不到这么精美的小罐儿是吐痰用的。

后来，受"唾盂"的启发，中国民间老百姓发明了痰盂，有瓷的，也有搪瓷的，还有木头的。当年这种痰盂遍布城乡。我记得小时候，北京人几乎家家都有痰盂。

不过，细究起来，痰盂也不卫生，因为痰还存在空气污染，痰盂解决不了这个问题，而且刷痰盂，也会形成二次污染。所以，到20世纪80年代末，痰盂就被彻底淘汰了。

其实，古人已经意识到纸巾是解决吐痰问题的最好办法。据明代的《明宫史》记载，当时在宫里，为进宫的官员预备了一种"本色纸花"，这是一种印花的纸。

用这种纸做什么？以备"写字、吐痰、擦手之用"，您瞧，早在明朝，人们就开始用纸巾吐痰了。当然那是在皇宫，一般老百姓哪有这条件？

时过境迁，当年皇帝和文武百官的专利，现在已经成了老百姓日常生活的寻常物，如果您没随身携带备用的纸巾，你也可以在各种公共场所找到。

有痰不怕，一张纸就能解决问题。唾手可得的事儿呀！

跟人说话要脸对脸

所谓说话对脸儿，就是别人跟你说话或你跟别人说话的时候，要相互看着对方，不能心不在焉，一边说着，一边看着别的地方。中国人管这叫"思想开小差儿"。

按中国人的规矩，跟人说话，要"相视不移"。什么叫"相视不移"？就是说话的时候，别转移视线。不转移视线，并不是目不转睛，而是眼睛别乱看。

一个人要做到目不转睛，必须得全神贯注，这可不是一般人所能达到的功夫。不信，您可以试试，让您盯着一个东西，目不转睛，甭要求多了，您能做到五分钟，那就算有定力的高人了。

在脸对脸跟人说话的时候，谁也不会目不转睛地看人，除非眼睛有毛病。但如果眼睛不看对方，又是对人家的不尊重。

听起来好像是两难的事儿，其实，只要您尊重对方，认真听人家说话，自然就会跟人家对上脸儿。这些都是自然而然的事儿，用不着刻意去跟人家对脸儿。

中国人的规矩强调的是，当别人跟您说话的时候，您一定要拿

对脸儿

您跟对方
讲话的时
候要
看着
对方

不能神不守舍

潭石写意

眼看着人家，而不要嘴上哼着哈着，眼睛却瞄着别的地方，那就是对人的大不敬了。

听人说话不能打岔

打岔，就是两个人在说话的时候，旁边有人插话，把人家的话给打断了。这在中国人的社交中是大忌。

打岔，分为三类：一类是插话，不管人家说什么事儿，愣头愣脑地瞎打岔。两个人正说着话，旁边站着一个"冒失鬼"，冷不丁地冒出一句："哎，你们猜怎么着？我昨儿碰见那谁了嗨！"

接着，他便没完没了地说起见到的那个人的事儿。让他这一打岔，人家那两个人正说着的思路完全被打断了。

另一类是接下茬儿。两个人在说一档子正经事儿，旁边站着一位，其实他是局外人，并不知道内情，听到人家说了一句什么，他把话接了过去，好像他全明白似的。

其实，他说的跟人家谈的是猴儿吃麻花——满拧。问题是他这一打岔，把人家要说的正事儿给搅和了。

还有一类是搭话，也就是人们所说的"敲边鼓"，北京话叫"敲锣边儿"。

这种打岔，往往在别人说话时不露声色，但在裉节儿上，他打断别人的话，偏向于某一方，替他搭腔儿。这种打岔最可气，替对方说了话，又让另一方急不得恼不得。

不管是哪种类型，只要是说话打岔，都会让人生烦，也非常让人恼火，但您又不能对打岔的人说什么，顶多在心里呵斥他一句：怎么这么不懂事儿呀？！

其实，中国人从小就教育孩子，在别人说话的时候，不能插话，也不能搭话，更不能抢话。有话要说，也要等人家把话说完。

这种人家说话你打岔，是对人的不尊重、不礼貌，也显得自身没有教养。当然，说话不打岔，也是中国人的规矩。

客人面前别乱笑

微笑是人们表达内心情感的最好方式。人们常说，眼睛是心灵的窗户，如果这个比喻能成立的话，那么，可以说笑容是心灵的镜子。

汉字的传情达意十分丰富，就说"笑"吧，有几十个词儿来形容它的状态。比如：微笑、大笑、含笑、嬉笑、朗笑、憨笑、哄笑、浪笑、傻笑、淫笑、谄笑、取笑、窃笑、奸笑、莞尔一笑、嫣然一笑、哂然一笑、淡然一笑等。

笑的最佳状态，是笑得自然大方，笑得恰到好处，不矫揉造作，也不无缘无故地笑。

老话说："人怕笑，字怕吊。"人长得再漂亮，如果不节制地纵情大笑，也会显得很难看。字如果在案头放着，看不出有什么毛病，一旦挂在墙上，这个品，那个评，再好的字儿，也会挑出毛病来。

养生专家从健康的角度，一向鼓励人们笑口常开。俗话说，笑一笑，十年少。但笑要分场合地点。

有些场合，是不能笑的。比如舞台上演员正卖力气地演出，您在台下突然嘿嘿笑起来，这就不合时宜了。演员会以为自己哪句唱错了呢。

通常看剧听戏忍俊不禁，这种发笑，行话叫笑场。只有演员演砸的时候，才会引发出这种笑声。

中国人对笑有许多规矩，比如笑不出声、笑不露齿、笑不背人等。此外，还有一个老规矩：在客人面前别大笑。

形容大笑的词儿也不少，比如开怀大笑、放声大笑、纵情大笑、忘情大笑等。

开怀也好，纵情也罢，都属一时无法控制的失态之举。在客人面前失态，会是什么效果，您可以细心琢磨。

当然，如果您在客人面前大笑，会让人感到莫名其妙，不知所措。

中国人热情好客，客人来了，唯恐照顾不周。所以，在客人面前要控制自己的情绪，即使碰上逗您笑的事儿，您也不要大笑。

别跟客人聊"坎儿年"

中国人认为，人这一辈子，总会碰到不少"坎儿"。这个"坎儿"字，有"沟沟坎坎"和"坎坷"之义，也有"门槛儿"之义。

由"坎儿"衍生出"坎儿年"的说法。

中国人把人能活多大岁数，叫人的寿数，或者说人的"大限"。中国人认为人的寿数当中，有不少"坎儿年"。

比如"七十三，八十四"（岁），是众所周知的"坎儿年"。因为孔子活了七十三岁，孟子活了八十四岁。他们都属圣人，一般老百姓的寿数能超过圣人不容易，所以圣人的寿数，成了老百姓的"坎儿年"。

此外，中国人还有一些所谓的"坎儿年"。比如六十六岁是"坎儿年"，中国人有句俚语"六十六，不死也要掉块肉"；还有一种说法，本命年也是"坎儿年"；等等。

我们且不论这些所谓"坎儿年"的说法是不是合情合理，也不管它是不是带有迷信色彩，既然它成了一种民俗，那么我们就得正视它。

比如北京人过六十六岁这个"坎儿年"，按老规矩，女儿要在父亲六十六岁生日这天，买一块肉，扔到父亲家的房顶上。

为什么要扔到房顶上？因为平房四合院的房顶，是猫和鸟儿经常出没的地方。

不是说"六十六，不死也要掉块肉"吗？当女儿的买块家畜猪马牛羊的肉，扔到房顶上，让猫和鸟儿给吃了，等于把父亲的"坎儿年"灾祸给破（解）了。家里没有闺女怎么办？由儿媳妇代行此责。

这种风俗如同腊八喝粥，八月十五中秋节吃月饼，头伏吃饺子、二伏吃面、三伏吃烙饼摊鸡蛋一样，都已深入人心。

由于"坎儿年"意味着灾祸，肯定不是个吉祥话儿，所以，中国人有个老规矩，忌讳跟长辈或客人说"坎儿年"。

比如，家里来了客人，寒暄的时候，您问他贵庚（多大年纪）了？人家告诉您七十三或八十四了。您千万不能说："您是'坎儿年'呀！"

因为，在中国谁也不爱听别人说自己有"坎儿"。所以，您或者什么也不用说，或者用别的话绕开这个话题。

坐着不跷"二郎腿"

左腿架在右腿上，或右腿架在左腿上，一只脚跷着，这种坐姿叫跷"二郎腿"。

为什么叫"二郎腿"？有人认为跟古代神话故事里的二郎神有关，并且有人说，曾在四川都江堰的庙里看到过跷"二郎腿"的二郎神坐像。

有人认为，二郎神是秦代四川的郡首李冰的二儿子，史书上有李冰和他的二儿子治水的记载。因为李冰的二儿子治水时非常神勇，被当地的后人神化，因为他行二，所以人们叫他二郎神。

其实，二郎神作为神话人物，来自古典小说《封神演义》。书里的二郎神叫杨戬，跟治水的那位是两回事儿。

笔者认为：二郎神跟"二郎腿"没有任何关系。因为中国古代的人是没有跷"二郎腿"这个习惯的。

据考证，唐朝的时候才有马扎一类的凳子，我们现在坐的椅子和凳子是宋朝以后才有的。在此之前，人们或者是席地而坐，或者是以榻为椅，所以不可能有"二郎腿"这种坐姿。

都江堰寺庙里那位二郎神的塑像，是20世纪80年代立的，塑像者并不知道唐朝以前中国人是没有座椅的，因此，塑像的时候有点儿想当然了，后来这个塑像已经拆了。

既然"二郎腿"跟二郎神没关系，那么为什么叫"二郎腿"呢？

笔者认为，这可能跟"吊儿郎当"这四个字儿有关。有人认为"吊儿郎当"是成语，这是不对的。

其实，它是一句北京土话。"郎当"，应该写成"啷当"。在北京土话里，它只是个象声或象征意义的词缀，"吊儿"应该念去声，两条腿交叉在一起坐着，一条腿自然就"吊"起来，看上去确实是很随意的样子，因此，北京人也说"啷当"着腿。

吊，还郎当着腿，于是就有了"吊儿啷当"这句土话。这句土话说快了，就变音成"二儿郎"了。后来，人们就直接把随随便便、不正经的样子，叫吊儿郎当了。

显然，在中国人眼里，是不待见跷"二郎腿"这种姿势的。您看，它原本就是吊儿啷当。

所以，中国人有个规矩，在长辈和客人面前，不能跷"二郎腿"，更不能跷着"二郎腿"，腿还乱抖，身子也跟着乱晃悠。当然，不跷"二郎腿"，身上也不能乱抖。

为什么中国人这么忌讳跷"二郎腿"呢？

一是因为跷"二郎腿"的样子不雅观。二是由于这种坐姿看上去过于随意和散漫，您在会客或跟长辈、领导谈话时，跷"二郎腿"，意味着您对对方轻慢，换句话说，就是看不起对方，拿人家不当回事儿。

虽然，时过境迁，中国人已经对跷"二郎腿"的坐姿给予了较大的宽容，老规矩也不像过去那么讲究了，但在比较庄重的场合，还是要求不能跷"二郎腿"。

近两年，医学专家发现，经常跷"二郎腿"，被垫压的膝盖受到压迫后，容易引发腿部静脉曲张或血栓基。同时，骨盆和髋骨关节由于长期受压，容易出现骨骼病变式腰肌劳损，并导致脊椎变形，引起驼背。

此外，跷"二郎腿"，两腿夹得过紧，使大腿内侧及生殖器周围温度升高。对男性来说，这种升温会损伤精子，长期如此，会影响生育。您瞧，这跷"二郎腿"看着是挺舒服的，却有多少禁忌呀！

在欧美国家，跷"二郎腿"曾经是职业女性的优雅坐姿，受到青睐。但随着它的弊端逐渐被人们发现，现在西方社会也对它亮出了红牌。

美国曾发起一项运动，倡议全国妇女停止跷"二郎腿"的坐姿一天，以养成端正坐姿的习惯。

站要讲站相儿

站相儿，就是站姿，或者说是站着的样子。中国人讲究站要有站相儿。站相儿直接能反映一个人的气质、修养和精神面貌，所以，对站相儿很当回事儿。

按中国人的老规矩，不同的场合地点，不同的事由儿，对站相儿都有不同的要求。但总体上说，站相儿要中规中矩，落落大方，谦恭和蔼，不卑不亢。

其中最主要的规矩是站在那儿要做到笔管儿条直，不能两手叉腰，摇头晃脑；不能两手交叉放在胸前，东张西望；也不能歪着身子，斜着眼睛，随随便便。

什么叫笔管儿条直？笔管儿，您知道吧？就是写毛笔字的毛笔杆儿。它非常直，不能有一点弯儿。平常我们形容一件东西直，往往用"笔直"这个词儿，就是从这儿来的。

站相儿要笔管儿条直，只是象征性的说法。国宾仪仗队的士兵经过反复训练，能达到这种水平。平时如果站得真像仪仗队似的笔管儿条直，反倒吓人了，人家以为有病呢。

咱们的老祖宗，对站姿的要求是"站如松"。站在那儿，像一棵松树一样，不但要笔直，而且还要昂然、挺拔，有精气神。古人说小伙子长得帅气，充满自信，有神采，往往要用"玉树临风"来形容。

笔者认为，这些老规矩强调的是：站相儿要端庄、沉稳、大气、自然，不能随随便便、吊儿郎当、无精打采。

站相儿既是反映出一个人的精神风貌，同时也是待人接物的一种礼仪和礼貌，体现出对人的尊重。你在电视新闻里，会经常看到国家领导人接见外国贵宾的镜头，他们站姿都很庄重，不卑不亢，彬彬有礼，这就是规矩。

我们经常看到有的人斜靠着墙，或歪着身子，一只脚踩着凳子，站在那儿，跟有软骨病似的。还有的人站不像站，坐不像坐，屁股坐在桌子上，一只脚还踩着地，看上去很随意，也很懒散，其实形象很不雅。

前些年，网上流传着一张美国前总统奥巴马在办公室打电话的图片，就是这种屁股倚在办公桌上的站姿。有外国记者评价，这个站姿反映了美国人的洒脱。

其实，这是一种误解。奥巴马作为美国的前任总统，在公开场合，绝对不会如此随意。也许这是有人抓拍了这么一个镜头，拿来说事儿而已。

不过，话又说回来，老规矩说的"站如松"也好，"笔管儿条直"也好，指的都是公开场合或待人接物的时候。平时，在您一个人的时候，您想怎么站就怎么站，没人管您。

不过，现代人讲究养生，站姿不光是礼仪礼貌问题，还含有健身养生的学问。

医学专家认为，人平时站立，要挺胸抬头，目光平视，身体放松，自然大方。如果经常懒懒散散，歪着身子斜靠站着，久而久之，腰椎和颈椎都会出问题。

走道儿不能东张西望

中国人对平常走道儿也有规矩："走如风"。这个规矩，听了会让您胆怯。"走如风"？脚下生风，那不是哪吒吗？谁脚底下有风火轮呀？

其实，"走如风"只是象征性的一种说法。一阵风走了，一阵风又吹回来了。意思是，走道儿，要雷厉风行。走道儿，要有走道儿的样儿，抬头挺胸，大步流星，不要东张西望。

说到这儿，您会说了，这不是军人的作风吗？没错儿，年轻人走道儿就应该有军人的作风。咱们这说的不是上年纪的人，他们本来腿脚就不利落，哪能让他们"走如风"呀？

走着道儿，心里还想着事儿，分心，走神儿。走道儿也不能打打闹闹，相互追逐。当然这是长辈对孩子们说的。

早年间，北京的胡同几乎都是土路，坑坑洼洼的，直到 20 世纪 80 年代，还是这种状况。

那会儿，城市里的电线杆子特别多，那些电线杆大都是松木的，手一摸，全是小毛刺儿。如果走道儿不加小心，像现在走道儿看手机的"低头族"，保不齐会撞电线杆子上。

所以，当长辈的从小就教育自己的孩子，走道儿不能东张西望，出门儿干什么事儿，快去快回。

中国人有句俏皮话："小孩儿打醋，直来直去。"过去，城市和乡村都有合作社。所谓合作社就是商店，门脸儿不大，但副食、百货、鱼肉、蔬菜、针线头儿都有，无所不包。因为离家门口儿很近，所以买酱油、醋什么的，大人就让小孩儿去了。

因为那会儿的酱油、醋什么的都是散装，瓶装很少。小孩儿打酱油、醋，直接拿瓶子、碗。孩子大都贪玩儿，而且瓶子、碗怕磕碰。

还有一样，通常大人让孩子打酱油、醋都是菜已经切好了，等着上锅烹炒急用。所以孩子出门之前，当长辈都要嘱咐几句："买了东西麻利儿回来，在外边别贪玩。"

可以说，中国城市的小男孩儿从小就养成了买东西直奔主题，买完就回家的习惯。所以，走道儿东张西望的不多。当然，出门打酱油、醋的时候，再用"走如风"来要求，那就麻烦了——拿到家，碗里的芝麻酱得洒一半儿。

走道儿如风，不东张西望，不低头走路，显然是老规矩。过去，中国的城市比较安静，街面上几乎见不到汽车，更甭说胡同和里弄了，路上的行人也很少。

胡同和弄堂里的路灯光线昏暗，冬天，晚上八九点钟，出门儿就几乎见不到人了。我记得直到20世纪70年代的北京，晚上，女孩出门买东西或者上茅房（公厕）都得找个伴儿。正因为如此，中国人才有"走如风"这个老规矩。

时过境迁，现在中国的大小城市发生了翻天覆地的变化，城市已经跟过去的小村镇完全不同了。

这会儿，您出门走道儿，还就得东张西望。到处都是车流和人流，您走道儿不留神还行？

但是，我理解这个老规矩，它没有完全过时：走道儿要东张西

走道也不能东张西望，总讲三走道该有走道的大步流星，不能东张西望

望过去七三张，意人，拜儿，挺胸抬头，西望潘方罗晋心

望，是让您瞧着点儿车，注意安全。走道儿不能东张西望，是让您一门心思走道儿，别张望马路边儿的热闹事儿，分心。走道儿不低着头，是怕您撞了墙。

这些难道不都是为了让您安全出行吗？

别跟人勾肩搭背

走道儿勾肩搭背，是北京的小男孩儿常有的动作。当然，大人有时为了表示亲近，也有走着走着就把手伸出来搭在旁边人肩上的时候。按中国人的规矩，这是走道儿的大忌。

说起来，走道儿勾肩搭背是民国以后才出现的。在此之前，中国人穿的都是长袍马褂，袖口比较长，您让他做这动作，还真费点事儿。

再者说，那会儿的人，行动坐卧各方面的规矩比较多，不可能有这种放肆的举止。

有人说，这个动作是当时的年轻人从欧美电影里学来的。笔者虽没做过考证，但是，却觉得这事儿还真备不住。

因为在 20 世纪 30 年代，中国的一些大城市有很多所谓时尚的穿着打扮、流行动作，这是从欧美电影里学的。

比如女性烫发、穿连衣裙，男性留分头、穿西装里边配马甲等，都是看了那些国际影星穿戴以后，开始在中国流行的。

为什么中国人忌讳走道儿勾肩搭背呢？主要是因为这个动作跟

中国人的那种沉稳、含蓄、本分、中规中矩的性格特点相悖，也格格不入。

说老实话，由于有许多老规矩和礼数管束着，中国人的行为举止是比较刻板的。而走道儿勾肩搭背，显得十分随意，实在不雅观。搭人肩膀，看上去好像很亲切，却有溜须拍马的意味，给人感觉非常庸俗，甚至于有些低三下四。用中国民间的话说：透着那么贫气。

此外，走道儿搭人家的肩膀，有以小充大之嫌，是对人的不尊重。生活中，常常有这种尴尬现象，某人走着走着道儿，情不自禁地搭旁边人的肩膀，好像是将军对士兵、爷爷对孙子的那种感觉。

虽然人家一百个不情愿，非常讨厌他这只手，可碍于情面，又不好意思张口，只能心里暗啧："什么德性呀！"

明白走道儿搭人肩膀是多么讨人嫌，咱们往后就得留心了。

正是这个原因，中国人从小就教育自己的孩子，走道儿，两个胳膊再没地方放，也不能勾人肩搭人背。

躺着别靠被摞儿

被摞儿，就是叠好的被子摞到一起。中国的老式家庭，每天都是这样叠被子的。

被子叠好后，摞到一起，放在床头，也有人把它叫"被卧垛"，或者写成"被楼"。被子摞到一起，一层一层的，像座"楼"，这种比喻，也没什么问题。

在中国北方的土话里，被子通常叫"被卧"，这个词儿很有意思，"被卧"是盖的，而不是卧的。在中国人的规矩里，不但"被卧"不能卧，也不能枕，不能靠，而且被摞儿也如此。

其实，这个规矩主要强调的是卧姿，也就是躺着的姿势。咱们的老祖宗对卧姿的规矩是"卧如弓"，就是躺在那里，像射箭的弓一样。

您如果有机会去北京的卧佛寺，就会看到侧身躺着的佛祖释迦牟尼雕像。他的睡姿是标准的"如弓"，头部朝西，身体侧卧，右手托腮，神情安详，双目微阖，面带慈祥。

我们在一些古画里，也能欣赏到古人类似的卧姿。可见，"卧如弓"在古时候，是最理想或者说最标准的卧姿。

中国人讲究实际，对躺卧的规矩，不像老祖宗似的，有样板儿。说老实话，睡觉的时候，真达到"卧如弓"，得有修炼之功，一般凡人，别说硬让他躺成"弓"，您就是给他吃安眠药，都睡不出"弓"的样儿。

所以中国人的规矩，并不强求睡出什么标准姿势来，而要求躺卧的样子要得体。什么叫得体？就是让人看着顺眼。

通常中国人当着外人，是不能在床上"打横儿"（躺卧）的。即便您再累再困，只要有自己家以外的人在场，您也要强打精神，陪外人坐着。

中国北方有句方言叫"强努儿"或者叫"撑面儿"。当着外人

　　　　　　　　　　/ 中国人的规矩

的面儿，在床上"打横儿"，是对人的大不敬。

问题是家里没有外人，能不能在床上躺会儿？当然行！但这时就要讲究体统了，也就是说，躺着也要有躺着的样儿，不能身子随便往被摞儿上一歪，或者头枕着被摞儿，四仰八叉地那么一躺，让人看着十分不雅。

早年间，一些年轻人都爱犯这毛病，下班、放学或是从外面玩耍回来，进了家门把挎包往椅子上一扔，外衣都顾不上脱，就脑袋靠着被摞儿，往床上一躺，打了"横儿"。对于这个动作，他们还美其名曰：放乏。

殊不知，这个动作犯了中国人的大忌。按中国人的规矩，床就是用来睡觉的，不是放乏的。所以一般情况下，白天，家里人是不能随便往床上躺卧的，客人来了，也不能坐在人家床上。

通常大户人家，平时累了想放乏，可以在榻（也可以算是床具）上休息。后来，有了沙发，您也可以在沙发上休息一下。

中国人为什么忌讳白天在床上躺着呢？因为那时候都是三世同堂或四世同堂，孙男弟女的一大家子人，出来进去的，您在床上"打横儿"，那算怎么回事儿？谁瞅着也会觉得别扭呀！所以，经过上千年时间形成了这种"回避"的规矩。

有的时候，人们在床上躺卧并不是想睡觉，就是想解解乏，通常是枕着被摞儿，看书看报。其实，这个姿势，不但看上去不文雅，时间长了也容易得近视眼和颈椎病。

从卫生的角度看，进了家门，不脱外衣，就往床上躺，也容易把身上从外面带回来的尘土和病菌弄到睡觉的床上，为疾病的传染埋下隐患。所以中国人才有这个老规矩：白天不在床上躺卧，即便是躺卧，也不能头靠或枕被摞儿。

不过，现代中国人的家庭，一般都是三口之家，即两口子带一个孩子，而且，床也不是原来的木头床，改"席梦思"（弹簧床）了。

有意思的是，现在的家庭叠被子的都少了，像宾馆那样，每天把被子抖落平整，就直接铺床上了，所以很多年轻人都没见过被摞儿。虽然形式变了，但是躺卧要注意形象的内容并没变。

做客不能坐人家床

一般家庭里，会客是在客厅，写作是在书房，睡觉有卧室，做饭在厨房。每个居室有每个居室的功能。毫无疑问，床是人睡觉用的，一般都放在卧室。

但在中国的城市里，也有住房狭窄的人家，一间房多功能，既是客厅，也是书房，又是卧室，那会儿用煤炉烧饭取暖，所以这间房还是厨房。

笔者在这里绝非笑谈，在20世纪90年代以前，中国的大小城市不乏这种人家，一房多功能的现象非常普遍。所以，中国人有个老规矩，到谁家串门儿，不能坐人家的床。

为什么立这规矩？

因为中国人认为：每个人身上都有一个气场，这个气场有阴有阳，有强有弱，有正有邪。床是主人和孩子睡觉的地方，而人在睡觉的时候，气场最弱，也最容易受到其他气场的侵扰。所以，中国人最忌讳外人坐自己家的床。

另外，床，在居家风水学里，属阴阳交媾之处。中国经历了几千年的农耕社会，早年间，人们追求的生活理想是："三十亩地一头牛，老婆孩子热炕头。"

您瞧，"炕头"成了人们追求的理想。当然，这里说的"炕头"是有寓意的。在过去，大多数家庭是睡炕的，所以，早年间，北京话里上床不说上床，说上炕。

炕（床）是什么地方？男人和女人睡觉的地方，再说得俗点儿，是孕育新生命的地方。所以，中国的方言土语里，上炕（床），还有让人难以启齿的含义。因此，外人是不能往人家的床上坐的。

此外，从卫生角度说，睡觉的床是一个家庭比较"圣洁"（安睡）的地方。您从外面来，身上难免不带些灰尘、浊气和人的肉眼看不见的细菌。赶上邋遢的人，好长时间没洗澡，带着这些难闻的气味沾人家睡觉的床，是不是给人家添腻歪？

所以，中国人从小就教育孩子，不管到谁家串门儿，人家的地方再小，也不能坐人家的床。假如屋子实在太小，不坐床，只能站着，怎么办？那也只能站着，或者找个小板凳坐。

假如碰到这种情况，主人在家里一时找不着能坐的地方，非要您坐在他的床上。能不能坐呢？也不能坐！因为人家那是客气，并非本意。

做客不能坐人家床

七亦京人家
有泃家里
地方小有时
客人来时
只能端着也
不能往之家
床上坐
漁声驷但亦
令倩并题

听话要听音儿

俗话说，锣鼓听声儿，听话听音儿。听什么音儿？话外音。

这句话，您跟中国人说，再适用不过了。因为中国人说话比较含蓄，用中国人自己的话说：喜欢"含着舌头"说话。

吃肉不吐骨头，骂人不带脏字。这就是所谓的话外音。所以中国人有个规矩：听话得听音儿。

为什么要立这么个规矩？就是因为中国人说话喜欢用话外音。中国有句土话叫：话里话外。话里，一听就明白。话外，您可就得琢磨了。

当然，有些时候，弦外之音，心照不宣。容不得您细品，人家话已然说出口了，您不懂，边儿上有懂的人，于是把您给晾在那儿，您还不知是怎么回事儿呢。

所以，中国人从小就教育孩子，出门办事儿，要听话听音儿，明白事理，尤其是到人家做客的时候。

因为您是客人，主人对您说的话不满意，或者主人已经对您不耐烦，想轰您走，当然不会直说，这时就会"含着舌头"旁敲侧击了。

有时明明是要赶您走，他却不直说，而找别的话："哎呀，您瞧聊着聊着，都这个钟点儿了。您出来大半天了，到这会儿，也累了吧？"这句话的话外音是：我们都聊半天了，你赶紧走吧。

假如您没听懂他的话，或者听懂了，揣着明白装糊涂："没事儿，我不累。"还要坐那儿接着跟他聊。

他会进一步往下说了："我这一天到晚的瞎忙。您瞧，眼瞅快到点儿了（其实离中午还早着呢）。一会儿，我还要到马路对面的小学去接孙子。您说我累不累呀？"

这句话的话外音是：你装什么糊涂呀？告诉你，我马上就出门，你还在这儿赖个什么劲儿？

话说到这儿，您要是真没听出他的话外音，或者是装傻充愣，还无动于衷，他会不断地拉出这个那个来找说词。

总之，就想让您马上走人："一会儿，我们二小子该回家吃饭了。他下班早。这小子犯懒，净等着吃现成的。我接了孙子，还要给他做饭。怎么着，都这点儿了，您别走了。一会儿，我买两斤切面，回头咱们吃炸酱面。我再给您炒几个菜，您喝二两。"

话说到这份儿上，脑瓜再笨的人也能听出来，人家是在往外轰人呢。

听音儿，除了听对方说话的语气、声调外，还要看他脸上的表情。当然，您最好是人家话一出口，就能会意。

饭口儿怎么"躲饭"

饭口儿，也叫饭点儿，是指中午和傍晚快要吃饭的当口。

按中国人的日常作息时间，一般中午 12 点吃饭，下午 6 点到 7 点之间吃饭。那么，上午 11 点半到 12 点半左右，下午 5 点半到 7 点左右，就是饭口儿。

通常到人家里做客，要掌握这个时间段。如果之前没有说好

/ 中国人的规矩

要在人家吃饭，那么，在快到饭口儿的时候，就要结束谈话，找个借口，起身告辞，不给人家添麻烦。这就是中国人常说的饭口"躲饭"。

一般来说，作为主人，快到饭口儿的时候，要留客人吃饭。这是中国人的规矩。

这个老规矩体现了中国人的热情好客，也是一种礼节。当然，这亦是一种客套。

因为很多时候，饭口儿留客吃饭，并不是主人真心实意让您留下，给您去做饭。这不过是一句客气话而已。

一般情况，主人要是在饭口儿留客吃饭，是要提前跟客人说好的。凡是之前没有约定的，主人在饭口儿留客吃饭，都属客套。

饭口留客吃饭，还有另外的意思，其弦外之音是让您走人。主人说一句："您瞧都到饭口儿了，在这儿吃饭吧您！"

其实，这句话的话外音是：都到饭口儿了，你怎么还在这儿没完没了地聊呀？赶紧走人吧。

可能人家有事儿，不便轰您走，拿饭口儿来说事儿。真要留您吃饭，他早下厨房忙活去了。

不管是什么情况，客人来了，赶到饭口儿，主人留下客人吃饭这句话一定要说。

但客人如果事先没跟主人说好要吃饭，到了饭口儿，就要想方设法告辞，躲开主人的这顿饭，因为不能给主人添麻烦。

饭口儿留客有讲究

客人到您家做客，事先没说要吃饭，人家到了饭口儿，找借口告辞，把这顿饭"躲"了。那么作为主人，该怎么做才不失礼呢？

通常到您家里来的客人，跟您的关系有深有浅，有近有远，所以到了饭口儿，留不留客人吃饭，这个饭怎么个吃法，就有讲究了。

按中国人的规矩，客人到您家做客，到了饭口儿就应该请人家吃饭，哪有让人饿着肚子回家的？这似乎无可争辩。

但是客人形形色色，不见得都是亲朋好友。有的时候，来的是不速之客；有的时候，来的这位客人您从心里就厌烦，别说一块吃饭了，多看他两眼都别扭。

有的时候来的客人身体不好，不愿意在外面吃饭，人家有言在先，对不起，我不在您这吃饭；有的客人懂规矩，不想给您添麻烦，临到饭口儿，坚决要告辞。

您说碰到这些情况怎么办？

按中国人的规矩，什么事儿都不能强求。客人来做客，到了饭口，面对不同的客人，您就要做出不同的选择。

首先，要说客气话，把留客人吃饭的心意要表达出来。通常关系比较远、情义比较薄的客人，听出您说的是客套话，人家会主动提出告辞，不给您这儿添麻烦。

其次，如果碰上这位客人，您本不想留他吃饭，但您说出那句

"吃了饭再走吧"的客气话，这位脸皮比较厚，或者不知眉眼高低，臊眉搭眼地来一句："好呀，正想跟您喝杯酒呢。"

按中国人的规矩，遇到这种不知深浅的人，您可以婉转地告诉他，您一会儿还有事儿，或一会儿家里还要来人，吃饭的事儿咱们今后再找机会。

一般人见您说出这话，也就明白您不想留他吃饭了，当然也就不再上赶着了。

串门儿不能屁股沉

"屁股沉"，算是一个噱（开玩笑）词儿，特指人在某个地方长时间坐着不动。

当然，说到长时间坐着不动，得说那些练功打坐修行的人。但"屁股沉"说的不是他们，而是指到谁家做客，长时间不走，让主人感到不耐烦的人。

这么说来，"屁股沉"并不是个招人喜欢的词儿。

中国人喜欢聊天，把聊天叫"侃大山"。"侃"，是调侃之意。但为什么叫"侃大山"，不说"侃大海"呢？

形容中国人喜欢聊天，有句顺口溜儿："先说地，后说天；说完了北山，说南山；说完了石鼓（门墩），说旗杆；说完了影壁，说地砖……"

这个顺口溜儿大概有一百多句，从大门口儿，一直聊到热炕

（床）头儿，说明中国人多么能聊。

中国几乎每座城市都有山，甭管高矮。早年间，在城市没有高楼大厦的时候，山是一座城市的最高点，所以开头是从山聊起来的。由此，人们把聊天叫"侃大山"。

聊天，也分聊什么。说正事，叫聊天，扯闲篇儿，也叫聊天。但"侃大山"这个词儿，专指扯闲篇儿。

通常到人家串门儿（做客）屁股沉的人，都喜欢"侃大山"。如果碰到一个也爱侃的人，两人对着"侃"，能"侃"到一块儿，屁股多沉都没事儿。

但是，遇到一位珍惜时间，平时讨厌"侃大山"，而且还有其他事儿等着要办的人，您还没完没了地跟人家"侃大山"，那就失礼了。

在中国，专门有"侃大山"的地方，比如茶馆、饭馆、澡堂子等，您如果有"侃大山"之瘾，可以奔这些地方。

一般到人家做客，忌讳没完没了地"侃大山"。为此，中国人有个规矩，到谁家串门儿都不能"屁股沉"。

因为谁家都有老人和小孩儿，大人也有自己要干的事儿，谁也不会那么慷慨，奉献自己的耐心，陪您"侃大山"。

当然，这也要分人。有的人待着没事儿，您来了，跟他"侃大山"，等于陪他解闷儿，他求之不得。

最重要的是，您串门儿或者到人家走访的时候，要看主人是否热情，看您谈的话跟人家投机不投机，看主人是不是手里在干着活儿。

总之，您要在主人的举止言谈中，看人家对您的态度。这个并不难，一般人都能感觉出来。

　　如果您跟主人聊得投机，就多聊会儿。反之，人家对您的闲篇儿并不感冒，那您就该打住了，赶紧抬腿走人，别让人心里数落您"屁股沉"。

病身子不能串门儿

　　听起来，这是句废话。人有病，在床上趴着，怎么能串门儿呢？但是，您且慢评论。咱们这儿说的是"病身子"。

　　什么叫"病身子"？说白了，就是有慢性病，或者有急病，但还没好利落，能出门走动的人。

　　中国人讲究人情味儿，对有病的人，自然谁都会有同情心。但同情归同情，病人跟普通人不一样，身上带着"病"呢！

　　您说谁不怕得病呀？所以，中国人对病人有许多忌讳。当然，这也是很正常的事儿。

　　按中国人的规矩，有慢性病或大病初愈的人，不能出去串门儿。

　　为什么？主要有以下三个原因：

　　一、病还没彻底好利落，身体正处在抵抗力弱的时期，出门儿容易受风寒、染病毒。

　　二、您得的是什么病，传染不传染，外人未必知道，或者只知道个大概，所以您到谁家，让人家心里硌硬（不舒服）。

反过来说，有些恶性的传染病，如肝炎、肺炎、病毒型感冒等，病人不说，一般人也看不出来。天地良心，病人知道自己得的是传染病，也不应该拖着病身子出去串门儿。

三、中国人迷信，认为人得病，是身上有了晦气。身上带着晦气串门儿，会把晦气带到别人家，所以，按老规矩，病身子不能串门儿。

串门儿不能空着手

什么叫串门儿？串门儿跟造访或拜访有什么区别？

简单说：到熟人家做客，叫串门儿；到生人家做客，叫造访或拜访。再进一步说：串门儿是俗语，造访是文词儿，拜访是客气话。平时谁到谁家做客，一般会说："到你们家串个门儿。"谁也不会说："我到你们家造访。"

中国人有个老规矩：再熟的人，到他家串门儿，也不能空着手。即便是您去看自己的父母，也不能空着手。

所谓不能空着手，就是要带点礼物。当然，这种礼物跟求人办事儿送礼，是两回事儿。说是礼物，实际上是体现老礼儿的物件儿。不空着手，并不要求您带多贵重的东西，您哪怕带两根葱都行。主要是表示一种心意，传达一种感情，体现中国人的老礼儿。

串门儿不能空着手

串门儿不能空着手，不管多熟的人到他家串门儿不能空着手，即便是去见自己的父母也不能就空着手去。

为了不空着手串门儿，一般情况下，是在去谁家串门儿的路上，随手买点儿应节当令儿的吃食，比如夏天，买个西瓜，买几斤鲜桃什么的；秋天，买几斤苹果、梨、葡萄，买两斤糖炒栗子什么的。

总之，买什么可以随意，用不着花多少钱。只要别空着手到人家串门儿就得。

拿什么见面礼合适

所谓见面礼，是头一次见面所带的礼物。这种场合包括晚辈看望长辈，下级拜访上级领导，搞对象见对方父母，等等。

一般来说，头一次见面，主要看的是"面儿"，也就是人长得怎么样？气质、风度、修养和素质如何？当然，这些都能从人的穿着打扮、言谈举止中看出来。但带什么礼也是一种"面儿"。

因为是头一次见面，彼此并不了解，所以送什么礼，不仅是一份情一份心，人家也会从您送的礼上品出您的家庭背景、您的道德修养和文化素质。

现在的人很重视人的"第一印象"。所谓"第一印象"，就是头一次见面儿的印象。按中国人的规矩，头一次见面儿，一定要送礼。

带什么礼呢？首先，看您见的是什么人。比如您拜见的是一个有文化的知识分子，可以带跟文化有关的东西。

您见的是胡同里的中国爷儿们，带两瓶"二锅头"或两条烟就

　／　中国人的规矩

得。您见的是胡同大妈，买点儿应节当令的水果或其他吃食，她也不会挑眼。

其次，您要多少了解见的这个人有什么兴趣爱好，以便做出选择。此外，您要量力而行，别打肿脸充胖子。

最后，您要了解北京的风土民情，所带的礼，别破了规矩。

按中国的传统民风民俗和老规矩，有些东西是不能做见面礼的，其中主要忌讳是不吉利的词同音的东西，比如水果中的梨，这是中国人送礼的大忌，因为梨跟"离"同音，送礼送梨，这不是刚见面，就要跟人"分离"吗？

此外，吃的东西，不能送鸡蛋、鸭蛋等。"蛋"字儿，有"混蛋""坏蛋""滚蛋""完蛋"之音，所以送鸡鸭蛋也是中国人大忌。中国人管鸡蛋叫"白果"，鸡蛋汤叫"甩果汤"，炒鸡蛋叫"摊黄菜"。

您瞧，中国人平时说话都忌讳说"蛋"，您头一次跟人见面，就送鸡蛋，这不是上门骂人吗？

平时的生活用品里，忌讳送碗、送钟、送被单床单、送鞋、送镜子，等等。这些物品的音儿，都跟不吉利的话有关，比如送鞋，鞋跟"邪气"的"邪"是同音。您买的鞋再高级，但拿它当见面礼，也蕴含着把"邪气"带给人家的意思。

当然，这些都是老规矩了。时过境迁，有些民风民俗也发生了变化，这些见面礼的规矩也不大讲究了。

但是一个地方的风俗很难改变，我们虽不要求随风就俗，却也别非要拧着来，根据不同对象选择见面礼，才是理智的。

有钱是钱场，没钱是人场

从前，北京天桥耍把式卖艺的人，讲究"黏圆子"，即在正式开始表演之前招揽人。艺人们在"黏圆子"的时候，常说一句话："有钱的捧个钱场，没钱的捧个人场。"

实际上，这句话也是中国人的一个规矩。

中国人喜欢热闹，干什么事儿都讲究有人气儿，尤其是红白喜事，人来得越多越好。所以，在办事儿前，广邀宾朋。

众所周知，有些"局"（活动），尤其是参加红白喜事，是不能空着手的。但中国人有个规矩，只要受到邀请，就要尽量出席，因为人家邀请您，说明人家看得起您，您不能不给人家面子。

什么叫给面子？就是出席。出席分两种情况，一种是送礼物或直接给钱，这叫钱场。另一种是被请的人生活拮据，手头掏不出钱来，而且跟主人的关系比较远，什么也不拿，就"干干净净"人到场（出席），这就是捧人场。

不管是钱场，还是人场，都是来给您捧场的。所以，按中国人的规矩，要一视同仁，不能人家没掏钱，没送礼，就冷淡人家。从某种意义上说，人家虽然没掏钱没送礼，但人来了，心意到了，您必须领情。

/ 中国人的规矩

如何在家门口写告示

这儿说的门口告示，是指在自家的门口贴、挂的告示牌或字条，上面写着自己向外面的来人要表达的话。

中国人好面子。有些话，不便当面直接开口说，便采用告示牌的方式来表达。用门口贴告示的方式来表达自己的意愿，是中国人的规矩。

中国人的许多手艺人和文化人，是在家里"上班"的，比如作家、画家、老中医、手工艺人等，顾客有需求，便直接登门。但要面子的中国人又耻于谈钱，所以，便把要说的话写成告示，让人知道。

比如中国人的画家和中医大夫，通常会把自己的润格（作画的收费标准）或者接诊的费用贴在门口，让人一目了然。

为什么要这样做？因为中国人买画儿，是直接到画家的家里买的。贴、挂这类告示，一是告诉大家，自己是靠画画儿吃饭的，您不能伸手白要我的画儿。二是告诉大家，我的画儿是什么价码儿。这个价码儿一视同仁，谁来都是如此。同样，中医大夫在家门口贴告示，也是这个意思。

大画家齐白石在自己的北京寓所门口，贴过许多告示，最有名儿的一个告示是："卖画不论交情，君子自重，请照润格出钱。"

他还贴过这样的告示："绝止减画价，绝止吃饭馆，绝止照相。"

1937 年的 7 月 7 日，侵华日军发动了卢沟桥事变，北京、天津相继沦陷。在北京生活的 80 岁的齐白石，唯恐日本人的威逼利诱，深居简出。为了减少麻烦，他在门口贴了个告示："白石老人心病复发，停止见客。"

但老爷子是靠画画儿为生的，停止见客，那不是也把上门买画儿的人拒之门外了吗？于是，他又在这告示的边上，补写了一行小字："作画刻印，请由南纸店接办。"

过了一年，齐白石又在门口加贴了一个告示："中外官长要买白石之画者，用代表人可也，不必亲驾到门。从来官不入民家；官入民家，主人不利。白石启。"

从这个告示，可以看出白石老人的性格是多么直率。他把心里话都写出来了。但还是有人以各种名目，登门要画儿。白石先生不得已，又在门口儿加贴了一个告示："切莫代人介绍，心病复作，断难报答也。"说得多委婉，不说不画，说没法报答。

后来，有人以翻译官的名义来为日本人要画儿。他又加了一个告示："与外人翻译者，恕不酬谢，请诸君莫介绍，吾亦苦难报答也。"

也许，白石老人的名气太大了，就是这样，也没拦住前来索画儿的人。最后，把老爷子给逼急了，在门口，贴了个让人哭笑不得的告示："白石年老善饿，恕不接见。"

在门口贴告示，现在也在应用。按老规矩，告示的用语要言简意赅，用词客气，不能使用粗野和生涩的语言。当然，用词可以婉转，但绝不能用不实之词来骗人。

　　　　　　　　／ 中国人的规矩

告示

告示 老一辈京人好面子，有些话不便当面开口说，便采用贴告示的方式来表达自己的意愿。

中外官长要见白石之画者，用代表人可矣，不必亲驾，恐画不能应也。闻京华南城风情异甚。求见诸官入民家，官入莱家不允。主人不制。

齐白石画

渔声写旧京

陶然亭畔

会客与待客的"八忌"

《礼记·曲礼》中说："入境而问禁，入国而问俗，入门而问讳。"这"三问"放到现在也适用。

您在境外任何国家和地区生活，当然要清楚那里人们的禁忌和民俗。到了人家里，当然也要知道人家的一些忌讳。

通常待客与会客，您是两种截然不同的角色。待客时，您是主人；会客时，您是客人。但不管角色是如何转换，待客与会客的礼仪和规矩是一致的。

待客与会客，不但要在迎来送往的大面儿上做到礼貌周全，而且在应酬与举止言谈的细节上做到庄重大方。

讲究礼数与规矩，其中中国人在待客与会客上的"八忌"，就是须知的规矩。

"八忌"，就是在待客与会客过程中的八个"不能"。

一、不能梳头；

二、不能掏耳朵；

三、不能剔牙；

四、不能抠鼻子；

五、不能剪指甲；

六、不能挠痒痒；

七、不能心不在焉，顾左右而言他；

八、不能神不守舍，坐着发愣。

说了归齐，这"八忌"，都属于人们平时的习惯动作，如果不是在大庭广众之中或待客与会客时，身上痒痒，挠挠；指甲长了，剪剪，这有什么呀？但到了待客与会客的时候，您却不能做这些事。

当然，如果您接待或会见的是重要客人，谈话内容又是那么吸引人，您的注意力都在主人或客人身上，哪有空隙腾出手来去掏耳朵、挠痒痒？

相反，您接待或会见的是老熟人，谈话的内容又很无聊，您手上不干点什么，心里起急。您可能会问，这会儿还用得着恪守"八忌"吗？

两个字：当然。

您且记住喽，老规矩可是没有贵贱和等级之分的，对谁都一视同仁。只要您是待客，或者是会客，您都要恪守"八忌"的老规矩。

做到"八忌"，一方面是对客人的尊重；另一方面，也能体现您的高雅气质和文化修养。

送礼

送礼要了解
对方的身份
年龄兴趣爱
好和身体状况
再说
送什
么方
海方
写得京
人物并题

/ 中国人的规矩

礼节篇

一些寻常生活中需注意的规矩和禁忌

做人做事要有外面儿

按北京人的说法，待人接物会带来人气儿，有人气儿就有气场，这个所谓的气场，也叫外场。

通常除了一个人独处，但凡有人的场合，您都得接触人，所以，北京人有个老规矩，人要"有外场"。

所谓"有外场"，实际上就是有外面儿。换句话说，您在外场要有面子。

北京人为什么要立这么一个规矩呢？

因为每个人的脾气秉性是不一样的，有的人性格开朗，喜欢热闹，也爱张罗事儿，所以在社交场合比较活跃，热衷于交际应酬，北京人也管这叫"有外场"。

有的人性格内向，平时沉默寡言，不苟言笑，也不爱热闹，见生人说话就腼腆，对社交场合的应酬比较发怵，人们把这叫"没外场"。

但是在有些待人接物的场合，不管您是什么性格，一定要"有外场"，因为这关系到您有没有外面儿，懂不懂礼。

所以，在待人接物的时候，老人们对那些性格内向的人，总是反复叮咛要有外面儿。

细说起来，有没有外面儿，跟性格是有一定的关系，但没有直接关系。并不是说性格内向的人，就一定没有外面儿，只要您按老规矩去办，做到礼数周全，外人是不会因为您不爱说笑而挑眼的。这里关键是您待人接物有没有诚意。

/ 中国人的规矩

人的热心并不完全写在脸上，有时您的礼数到了，话没跟上，也没多大关系。其实，人在社会交往中，一举一动，一颦一笑，都能让人看出眉眼高低来。

所以，北京人的规矩有外面儿，并不是要您改变性格，非要追求那种能说会道、四处张罗、八面玲珑、见什么人说什么话的所谓"外场"，而是要您在待人接物时，有热心和诚心，按老规矩做到礼数周全，就算有外面儿了。

生活离不开人情份往

20世纪50年代初盛夏的一天，三十出头，时任中央美术学院实用美术系主任的张仃，拎着一筐刚采摘下来的樱桃，兴冲冲地来到齐白石家造访。

正在画画儿的齐白石，看到张仃拿的樱桃鲜亮诱人，微微一笑收下了，然后转身回了画室。

张仃本想跟着齐白石，到他的画室看看老人画画儿，被老人拦在了门外。他只好在外面等待。

过了大约一个小时，齐白石笑吟吟地走出他的画室，手里拿着一幅他刚画好的《樱桃图》。

张仃一看，画上是一只青瓷盘，盛满红樱桃，有樱桃数粒滚到了桌子上。画上还有题款，写着"张仃先生正旧句，庚寅九十老人白石"，此外，还有题句："若教点上佳人口，言事言情总断魂。"

张仃看了这幅画欣喜若狂，怯生生地问道："您这是给我的吗？"

白石老人笑道："是呀，你送我一筐樱桃，我也送你一盘樱桃。咱们这叫礼尚往来。"

"太谢谢您了。"张仃感激涕零地接过了这幅画。

此后，这幅画一直挂在张仃家中的客厅，张仃每当看见这幅画，就会想起白石老人。

张仃比齐白石小五十三岁。六十年后，齐白石先生的这幅《樱桃图》，上了国内一家知名拍卖公司的拍卖会，最后的成交价是 2048 万元，在当时算是天价了。

您瞧张仃先生的一筐真樱桃，换来了齐白石老人的一幅"假樱桃"，而"假樱桃"却如此值钱。

当年一老一少两位画家"换"樱桃的故事，也成了中国画坛的一段佳话。这个故事就是人们常说的人情份往。

所谓人情份往，就是投桃报李。您送我一筐桃子，我要送您一筐李子，即便我再穷，也不能让您空着手回去。

人情份往体现了中国人在人际交往中的人情味，也是中国人的一个规矩。别人带着礼物到您家看望您，您无论如何别让人空着手回去。

为什么要给人打圆场

话赶话，是中国人爱说的一句土话，它包含两层意思：一个意思是双方话不投机，你一言，我一语，由相互抬杠进而发展到相互讥讽嘲弄，以至于发生口角。

另一个意思是两个人说话聊天，其中一方说话没留神，说到了对方的短处，把人家给惹恼了。他见状赶紧往回找补（弥补），便以"话赶话"来找辙："您瞧，这不是话赶话，说到这儿了吗？您千万别往心里去。"

话赶话说恼了，或者说急了，需要有人过来打圆场。

打圆场，就是当一方说话不注意，得罪了另一方，旁边站着的第三方，怕他们因为一句话伤了和气，赶紧过来，替说走了嘴的这一方做一番解释，这就叫打圆场或圆场。

有时是说错话的这方，自己赶紧解释，自圆其说，也是打圆场的一种方式。

老话说："说出去的话，泼出去的水。""一言可以兴邦，一言可以丧邦。"平时说话，一定要嘴有把门的，不能随意。

所以中国人有个规矩，一旦说话说走了嘴，要赶紧打圆场，往回找补，自圆其说。

当然，打圆场不能生硬，更不能强词夺理，而是要相互照应，话说得有理有据有节，给受伤害的一方一粒"宽心丸"。

打圆场，说白了，有点儿拉和儿、劝架的意思。但从这个规矩可以看出，中国人在为人处世方面，是讲究心平气和的。

别忘了要过"三节两寿"

中国的传统节日很多，每个节日怎么过，都有许多讲究和规矩。在众多节日当中，人们最重视的是"三节两寿"。

所谓"三节"，是指农历的五月初五端午节、八月十五中秋节，还有就是春节。

"两寿"是指自己父母的寿日（生日），还有自己老帅（师父）的寿日。"两寿"还有一说，指师父的寿日和师母的寿日。

"三节"现在已经被全国人大常委会讨论通过成为法定假日。怎么过？无须赘言。这里对"两寿"则要多说两句。

其实，按中国人的规矩，人在五十岁之前，过的是生日，不是寿日。过生日，只需跟家人在家里摆一桌（席），吃碗面条就可以了，当然现在流行吃生日蛋糕。

办寿日，要请亲朋好友，在饭馆酒楼摆两三桌，热热闹闹地办寿宴。换句话说，生日是自己过，寿日要请亲朋好友来祝寿。

中国人认为，人在五十岁之前，享受的都是"人命"。中国人认为给"人命"祝寿，不吉利，会折寿。所以五十岁之前，是不能祝寿的。

从另外一层意义讲，五十岁之前不能过寿日，也是因为中国有个老规矩，父母活着的时候，不能给自己祝寿。

一方面会折自己的寿，另一方面，您还没有享受祝寿的资格。正因为如此，才有"两寿"之说。

中国人有"小子不吃十年闲"一说，男孩长到十岁，摆在面前

/ 中国人的规矩

的只有两条出路：一是上学念书，将来有大出息；二是入行拜师，学门手艺。

那会儿，甭管干什么，都要拜师学徒，即便是简单的劳动扫马路、烤白薯、在饭馆儿当跑堂儿（服务员），都要有师傅。

师傅，也可以写成师父。老话说："一日为师，终身为父。"所以，师父的寿辰跟自己父母的同等重要。按中国人的规矩，日子过得再紧，自己的生日可以不办，但"两寿"必须办。

中国人办寿（祝寿），逢五如七十五、八十五是小寿，逢十如六十、七十、八十是大寿。

此外，还有七十七"喜寿"（草书七十七连起来写像"喜"字）、八十八"米寿"（"米"字的上中下部分组成八十八）、九十九"白寿"（百岁的"百"字差一横）、一〇八"茶寿"（草字头代表廿，即二十，下边"米"代表八十八，加起来一百零八）等说法。

北京人祝寿，规矩更多，讲究男的过九不过十，女的过十不过九。

比如男的七十岁生日，要提前一年过寿日，即在六十九岁时过。女的七十岁生日，只能在七十岁的时候过寿日，不能提前一年。这是为什么呢？

因为按《周易》阴阳五行的学说，男人属阳，阳性是奇数，即单数。而女性属阴，阴性是偶数，即双数。

早年间，中国人过生日很简单。生日当天，"寿星老"主要吃四样东西：用面蒸的寿桃（有鲜桃更好）、煮鸡蛋、芝麻烧饼、长寿面。

鸡蛋是圆的，生日吃鸡蛋，寓意日子像鸡蛋一样，骨碌骨碌就顺顺当当过去了。芝麻烧饼，寓意寿数像芝麻一样数不清。

至于说生日吃蛋糕，点蜡烛，吹蜡烛，唱"生日快乐歌"等，都是从欧洲引进来的洋玩意。不过，现在已成风俗。

五十岁之前不祝寿

五十岁之前不祝寿，这是中国人的老规矩。为什么呢？主要有两个原因：

一、通常一个人在五十岁之前，父母还健在。中国的古人认为，父母健在，是不能给自己祝寿的，给自己祝寿会折寿。

二、中国的古人认为，一个人有两次寿命，一个寿命是父母给的，叫"人命"；另一个命是老天爷给的，叫"天命"。

人能活到五十岁，这是"人命"的大限。从五十岁开始，您过的就是"天命"了。所以才有"人的命天注定"这句老话。

孔子在《论语》里说："三十而立，四十而不惑，五十而知天命。"说的就是人到了五十岁，才知道天命。

人过了五十，寿命是由老天爷来决定了。由此，平安地活过一年，就应该感谢苍天，这也是人们五十岁以后，开始祝寿的原因。当然，人在五十岁前，是没有资格享受祝寿的。

说到这儿，您会问了，我的小孩儿从小就给他过生日，是不是犯了忌？

　　　　　　　/　中国人的规矩

没有，人在五十岁之前是可以过生日的。因为您的命都是父母给的，叫"人命"嘛。在您出生那天，给您过生日，这是应该的。

但您一定要弄明白，过生日跟祝寿是两回事儿，生日是生日，祝寿是祝寿，这不是一个概念。

怎么给人道喜

在中国，道喜是亲朋好友之间往来的一个规矩。

所谓道喜，就是得知亲朋好友家里有了什么好事儿，登门表示祝贺。自然，有道喜，先得有报喜。即自己或家人有了什么喜事，赶紧告诉亲朋好友。

老百姓的日子过得都很平淡，所谓的好事儿、喜事儿，其实，就是生活中一些值得高兴的事儿。比如您的孩子考上名牌大学了，孩子出国留学了，老公升职了，您自己涨工资了，家里新买了一套房，新买了一辆汽车，女儿在全国青年歌唱大赛获一等奖了，等等。当然，喜事也包括意外惊喜，比如买彩票中了大奖。

中国人讲究生活要有人情味儿，报喜与道喜就是人情味儿。家里有了什么好事儿，不掖着藏着，赶紧告诉大家，一方面表示没把您当外人；另一方面，把喜信儿告诉您，让您和家人一起分享这种喜悦。

早年间，报喜和道喜都要亲自登门，以示尊重。当然，那会儿没有电话，更没手机，传话递话儿只能靠两条腿。

现在有了现代化的通信工具，报喜和道喜不用出门就办了。

完事儿别忘要"道乏"

"道乏"这个词儿许多人不懂了。但是在几十年前，这是个经常挂嘴边上的话。

什么叫"道乏"呢？

简单说，道，就是说句话；乏，就是疲乏，辛苦。您求人帮忙办事或者您搞什么活动，邀请朋友出席，完了事之后，您要回访一下或者给人打个电话，道一声辛苦了，同时表示感谢。这就是"道乏"。

"道乏"是中国人的规矩，这个规矩体现了中国人办事讲究善始善终，有头有尾。同时，这也是您请客或者搞活动的一个程序。

现在有的人不懂这个规矩，例如朋友请您参加他孩子的婚礼，邀请您的时候，朋友是十二分的热情、一百分的客气，说出的话礼貌周到，让您都觉得不好意思不参加。

您热情满怀地来了，人家也是激动万分地接待您。当然，您参加婚礼哪能空着手来呀？肯定备了礼。您来了，然后热热闹闹地参加完婚礼回到家，如同完成了一个使命，而他不理您这个茬儿了。

到这会儿，朋友的热情看不见了，朋友的客气也找不着了，甚至连个音信都没了。

真是这样，您的心还热得起来吗？您是不是会想到一句让朋友不受听的话："用人朝前，不用人朝后。"

其实，您的朋友不给您"道乏"，并不是那种"用人朝前，不用人朝后"的人，只是筹备孩子的婚礼忙晕了，或者他压根儿不懂这个老规矩。

的确，许多人因为不懂"道乏"的规矩，在这个生活细节上丢了面子，甚至伤了朋友的自尊，最后双方失了和气。

由此说来，"道乏"看上去是生活中的细枝末节，但实际上，是中国人不可缺少的规矩。

其实，"道乏"是一件非常简单的事，可以说是"张口之劳"。朋友帮您办完事儿或参加完您搞的活动，您回到家，追过去一个电话就得。

现在有了手机微信，通信联系更方便了。道声辛苦，说声谢谢，会让人心里顿生暖意，什么疲呀乏呀都烟消云散了。

怎么"随份子"

随份子是怎么回事，不用解释。在中国人眼中，随份子是人之常情，也是人们礼尚往来的老规矩。

中国人随份子的事儿，大致主要有三种情况：一是朋友、同事、老同学、老邻居办喜事（结婚）；二是这些关系里谁家办丧事；三是这些关系里的谁有了天灾人祸，需要大伙儿搭把手相助。

通常随份子要有人张罗，所谓"随"，是大伙儿事先商量好份子的钱数，然后由"朋友圈儿"里德高望重的人先掏钱。之后，大家跟着掏。

但随份子有个老规矩：一是跟办事儿的主家关系莫逆，或者是亲属，不能跟着随份子；二是经济状况极差，可以不随份子，但能"跟份子"。

所谓"跟份子"，就是别人的份子钱是五百元，您生活有困难，只拿一百元，在大伙儿后头"跟着"。

按中国人的规矩，随份子要量力而行，不能勉强。为了随份子而去借账，是被人看不起的，也是办事的主家所不愿意看到的。

相反，您掏一块钱，跟了份子，主家并不会因为您掏的比别人少而轻视您，并且因为您"跟份子"会对您另眼相看。

贵宾要门迎门送

把宾客分为三六九等，按说不合适，但有时候，这是没办法的事儿，因为人的关系本身就有远近亲疏之分。

通常请客或搞活动，来宾一般分为贵宾、嘉宾、一般宾客等几个层次。自然，不同层次的来宾有不同的接待方式。普通的家宴也如是。

贵宾，也叫贵客。主人不但要设专人接待，而且要单设专门的接待室"特殊关照"。条件不允许，也要设专座儿。

对贵宾的特殊礼遇，主要体现在请客的主人一定要到大门口迎接。委派专人不行，必须亲自"门迎"。这是中国人的规矩。

散席之后，主人要亲自把贵宾送到大门外。贵宾如果是坐车来的，主人要等贵宾上车后，再挥手道别，直到车开走，主人才能转身回去。

这些规矩，一方面能反映主人待客的礼貌周全；另一方面也能体现主人对贵宾的尊重和厚意。

"进趋退迟"是什么意思

"趋"字的意思是快走。"迟"字有两个意思，一个是慢、缓，另一个是晚。比如我们通常说的"迟到"和"进趋退迟"中的"迟"字就是慢和缓之义。

弄明白"趋"和"迟"两个字的意思，就不难理解什么叫进趋退迟了。

"进趋"说的是：主人在接待客人的时候，一定要走在客人前面。比如客人下了车，在往客厅走的时候，主人一定要紧走几步，走到客人前边，但不能离得太远，大约两到三个身位最合适。这就是中国人的规矩。

为什么要"进趋"呢？

一是因为客人对请客的地方不熟，主人抢先一两步走在前边，有引路的作用。

二是主人出于礼貌和对客人的尊重，要抢先一步，给客人开门、更衣、"量座儿"（找座儿）什么的。

三是带有祛邪挡驾的作用，中国人认为人到了一个生地方，可能会碰上什么晦气或瘴气，主人在前边走，以保证客人的心理上的"安全感"。

"退迟"则正好相反，在客人离席告辞往外走的时候，主人一定要比客人慢半拍或一拍，让客人先走一步，主人缓缓地尾随在他的身后，大约一到两个身位。

为什么要"退迟"呢？主要是主人走在前边，有让客人赶快走（驱赶）之意，是对客人的大不敬。走在后面，则蕴含着舍不得让客人走的意思。

进趋退迟这个老规矩，除了体现在待客上，在其他场合，作为晚辈或下级也应如此。

长者落座，晚辈才能坐

前面的章节说到了这个老规矩，这里单指外场，比如请客、参加社交活动、在公共场合等。

在外场和在家是一样的。长者坐下，您作为晚辈或下属，才能找个地方坐下。长者没坐下，您作为晚辈或下属先坐下了，这就是不懂规矩，没有礼貌。

有时会有特殊情况，比如安排好长者或上级领导的座位，但长者或上级领导见到了熟人，一直站着说话，没坐下。作为晚辈和下级是不是也要陪站，不能坐？

回答是肯定的。您且记住：长辈不坐，您作为晚辈也不能坐。不管什么情况，都是这规矩。

什么事都要讲先来后到

"排队"这俩字，能让许多人脸红。为什么？因为有些人的生活词典里，压根儿就没有"排队"这俩字，所以根本不懂在公共场合三个人以上就要排队的规矩。

干吗三个人以上就要排队呢？因为三人为众。古人造的这个"众"字告诉我们，人多了，就得有前有后，有上有下。这不就是排队吗？

干什么事都得有秩序。排队就是文明手段的秩序。然而在咱们的老祖宗那儿，对排队并没有立规矩。因为老祖宗讲的是"三纲五常"，长幼为序。甭管干什么事儿都是长者先，幼者后，用不着排队。当然，那会儿是农耕社会，聚众的活动也少。何况当时的人在礼教的束缚下也规矩。

后来社会发展了，虽然人们还崇尚礼教，但有了竞争意识，所谓的"丛林法则"渗透到人们的生活中。同时，捷足先登也让人们尝到了甜头，所以，很多时候，人们都争先恐后。我小时候在庙会上，常看到那种乱成一锅粥的情景。

不过，那会儿的人虽然没有排队观念，但干什么事儿，不死乞白赖，所以不排队，看着乱，但也出不了什么大事儿，比如"踩踏事件"在古代文献中记载的并不多。

排队的规矩，是清末民初从国外引进的。这个规矩强调的是公平意识和平等观念，不管您是什么人，岁数大小，在公共场合，超过三个人，一律要按先来后到的顺序排队。

比起咱们老祖宗立的长幼有序规矩，排队的规矩可以说立竿见影，行之有效。最简单的道理：比如坐公交车，要是碰上不懂长幼有序规矩的怎么办？老年人永远挤不过年轻人。相反，年轻人要是老是让着老年人，他也永远上不去车了。

所以，长幼有序在道德和礼仪层面上是应该的，但在公平和道义的层面上，又是缺乏平等的。排队的规矩非常合理地解决了这个问题。

因此，从民国开始，人们一直在积极倡导排队，并且把它作为一个大众普遍接受的规矩渗透到人们的生活理念里。

实际上，在公共场合超过三个人就要排队的规矩，应该说妇孺皆知。问题是很多人不愿意排队。

说到"愿意"两个字，生活中，您不愿意的事儿多了。您不愿意排队，又有谁愿意排队呢？人们不愿意排队的原因很多，主要是没耐心，沉不住气，或者真有急事，或者没有急事有急性子。出门在外，谁都想先行一步。您不排队，他不排队，那不乱了套？

排队、加塞，现在已经成了不文明的代名词。其实，排队是最公平合理的规矩。那两句"与人方便，自己方便""我为人人，人人为我"的老话，用在这儿最合适。

排队

古人造的"众"字告诉我们,人多了就得有上有下,有前有后,这不就是排队吗

渔夫写旧京人物

／ 中国人的规矩

送礼的各种忌讳

送礼是人之常情，礼尚往来嘛，没礼还行？不过，这个礼是指人们生活中交际往来的礼品，跟行贿受贿、拉拢腐蚀的腐败之"礼"是两回事儿。

说起来，送礼是一个挺让人挠头的事儿。因为送礼送不好，能送出麻烦来。

记得前些年，我和一个朋友去看一个挺有名的画家。串门不能空着手，我们都知道这个规矩。但买点什么呢？

正值初夏，樱桃和桑葚刚上市，看着是新鲜物。朋友买了几斤桑葚。没想到这个礼一拿出来，那位画家的脸顿时就耷拉下来。要不是看在我的面子上，他有可能把这几斤桑葚扔出去。

事后才知，这位画家是中国人。中国人送礼忌讳桑葚。"桑"跟"丧"同音。画家患重病刚出院，您把"丧"送上门，什么意思？这不是想提前给人办丧事吗？

多亏画家夫人还懂老规矩，她赶紧拿出两元钱，递给我的朋友说："劳您驾了，帮我们买点儿'五月鲜'。多了少了，这钱您得拿着。"这钱不能不拿。

说来，这也是找辙，破送桑葚的不祥。拿着这钱，这桑葚就不是送的了。您说这送礼不懂老规矩，惹出多大麻烦来？

送礼，首先要对接受礼品者的年龄、身份、性格、文化程度、哪个地方的人、有什么兴趣爱好、身体状况等，有个大概的了解，这样才好选择送什么礼品合适。比如给不吸烟的人送礼，您就不能送烟斗和雪茄；给有糖尿病的人送礼，您就不能送水果。

其次要知道，送礼是有许多忌讳的。按中国人的规矩，有许多跟不吉利的词儿同音的东西，是不能当礼品送人的。

比如钟，跟"终"同音，绝对不能送人。还有：鞋，跟邪气的"邪"同音；茶杯的"杯"，跟悲惨的"悲"同音；茶碗饭碗的"碗"，跟晚了的"晚"同音，又跟完了的"完"谐音；梨，跟离开的"离"同音；梅花的"梅"，跟没有的"没"、倒霉的"霉"同音；等等。

此外，带有阴气的（水浸过的）东西，如咸菜、酸菜、豆腐、腐乳等，以及模样难看的东西，也是送礼的大忌。

难看的东西，中国人是不吃的。有许多海鲜如海参、龙虾、螃蟹、墨斗鱼等，在早年间中国人是不吃的。当然现在已经无所谓了，但有些老人还在乎，您最好别拿这些当礼品。

总之，您且记住，中国人的规矩：送礼，喜欢讨口彩儿。所以，您最好找跟吉利词儿同音的东西，比如苹果（平平安安）、香蕉（君子相交）、橙子（事事有成）、鲜桃儿（寿比南山）、杏儿（幸福美满）、柿子（事事如意）、核桃（和和美美）、石榴（时来运转）、酒（长长久久）、蜂蜜（甜甜美美）、茶（茶禅一味）等。

其实，送的礼跟吉利词儿无关也没事儿，但不能跟不吉利的词儿有关。讨口彩属于民俗，不但中国人讲，还有许多地方也有这个传统，入乡随俗，送礼就是讨人家欢喜，您不得不按老规矩办。

不过，礼物并不在贵贱，能对人的心思就是好礼。比如人家喜好书法，您送给他几管毛笔或两刀纸，他会非常高兴。明白这些，您就不会为送礼发愁了。

留给后人的礼单

现在很多年轻人，已经不知道什么叫礼单了。在早年间，礼单是中国人代代相传的"凭证"。

什么是礼单呢？简单说就是"清单"。

一个人在成家立业这几十年，每逢家里的大事，亲朋好友都会馈送一些礼品，也会有随份子钱。礼单就是把这些都记录下来，拉的清单。

当然，礼单上记的主要是礼金和一些贵重的礼品，比如儿子结婚，都有谁送了多少钱；女儿出嫁，朋友送了什么礼物；孙子办满月，亲朋好友都有谁，随了多少份子；等等。

中国人仁义，交朋友也好，处邻居也罢，不是一锤子买卖，讲究一生一世的交情。同时，中国人懂得感恩、报恩。滴水之恩，涌泉相报。您对我的好儿，我要记一辈子。这辈子不能回报，让我的儿女报答您。礼单就是这么来的。

过去，按中国人的规矩，几乎家家都要备着礼单。这个礼单，一般收藏在家庭主事的老家儿（父母）手里，平时是不拿出来示人的，家里的孩子也不清楚礼单上的内容。

通常，礼单是在老家儿临终时，像留遗嘱似的交给自己的子女，告诉他们照着礼单，还自己这辈子没还清的人情。

比如礼单上写着：张三在他儿子结婚时，随了500元钱的份子；李四在他孙子办周岁的时候，给花300元钱，买了辆童车；王五在他父亲出殡的时候，拿了700元钱份子；等等。

那么，在张三、李四、王五的后人，有婚丧嫁娶、红白喜事的时候，您和家人就要把这礼（金）还上。

怎么探望病人

看病人的这个看，应该加一个望字，叫看望，或者探望。"望"字的意思是远看。一个"望"字，说明看病人跟看一般人的规矩是不一样的。

首先，看病人不能空着手，带什么礼呢？最初是带吃的食品、水果或营养品，后来改送鲜花，现在比较实用的是直接给钱。其实，带什么礼物并不重要，主要是表达一种关爱和情谊。

当然，给病人送礼，要考虑到病人的需要和实用性。比如他得的病是肺炎，您就不能给他带香烟；他得的是肠胃病，您就不能以酒当礼品了。

还有送鲜花，这是从国外传过来的习俗。当然，到家里看望一般的病号，送鲜花充满温馨，也未尝不可。但到医院看望病人，就另当别论了。您来，送鲜花，他来，也送鲜花，病房快成花店了。再者说，有的病人花粉过敏，屋里不适合摆鲜花。当然，现在医院已经意识到鲜花带来的弊端，不允许病房摆放鲜花了。

其次，看病人不能屁股太沉，聊起来没完没了。要考虑到病人正在养病或在恢复期，需要多休息。

为什么叫看望呢？病轻的多待一会儿，病重的望几眼就可以了。人到了，心意也到了，对病人就是莫大的安慰。

再次，看望病人要说高兴的事儿，一些坏消息就不要跟病人说了。人家正有病，您就不要给他添堵，找病了。要知道病人养病，有个好心情十分重要。

还有一条规矩，看病人，不管病人在家，还是在医院，最好不要动杯子喝水或在病人面前吸烟。您来看病人，家属肯定要泡茶招待，但这种茶只是礼节上的。

为什么不能喝？从您这儿说，您不知道病人的病传染不传染，以防万一，所以不能喝。从病人的角度说，他在生病期间，身体的抵抗力肯定比常人要弱。您从外面来，身上难免会带一些病菌。病人也怕受到病菌的侵袭，所以不希望您去碰杯子。

参加丧礼有哪些忌讳

所谓"白事"，就是丧事，也就是丧礼。中国古代的重要典籍《周礼》中说："以凶礼哀邦国之忧，以丧礼哀死亡。"《礼记》中说："居丧未葬，读丧礼。既葬，读祭礼。"

这几句话告诉人们，丧礼，是一个人告别人生的最后仪式。所以从古至今，对丧事都很当回事儿。当然，由于是生离死别，丧事透着庄严肃穆，并且带有神秘色彩。

为什么把丧礼叫"白事"呢？主要是因为古代人"丧事尚白"。《周礼》中说："父母之丧，素缟麻衣。"麻的本色就是白。黑与白是素淡的颜色，代表悲伤，白色是丧礼的主色调，所以丧礼叫"白事"。

中国人把"白事"，看成跟婚礼的"红事"相对应的"事"。按佛教的说法，人生下来就是受苦受难的。佛教认为要受过"四苦""八难"，人生才能解脱（涅槃）。所以人们把生看作一个过程，把死看作一种解脱（升天）。因此，"白事"也是喜事。中国人统称"红白喜事"。

尽管如此，丧礼还是庄严肃穆的仪式。儒家文化有几千年的厚葬传统，丧礼不仅程序繁杂，要遵守各种繁文缛节，还有很多迷信的说法。新中国成立以后，国家将土葬改为火葬，丧礼也越来越简化，现在的"白事"已经非常简约了。但参加丧礼，还是有许多老规矩。

首先，参加丧礼，一定要"素缟麻衣"。素缟可以，麻衣上哪儿找去？这只是象征性的说法，并非让您满世界去找麻衣。其实，是让您参加丧礼，要穿黑色或素淡颜色的衣服。千万别穿大红大绿或大黄大粉这样艳丽的衣服。

此外，衣服款式要庄重、沉稳，忌讳穿那种过于夸张的"紧透露"的时装。按老规矩，参加丧礼的衣服，最好不要露胳膊和大腿，因为按民俗的说法，殡仪馆（火化厂）相当于阳间与阴间的分界线，在阴间露出身上的肉会沾上阴气，将来会有病和灾。

当然，这一说法带有迷信色彩，不足为信。但从敬重死者的角度看，穿露胳膊腿的衣服也不合适。

其次，参加丧礼，忌讳大声喧哗，说说笑笑。现在参加丧礼，已经成为人们见面聚会的机会。

在丧礼上，您会见到许多久违的亲朋旧故。见了面，难免要寒暄，要叙旧，但千万不能说笑。因为此时死者的亲人正处于悲伤之中。人家那里在哀伤，您这儿有说有笑，您说合适吗？

最后，有些丧礼，会有名流出现。尽管您是某位明星大腕的"粉丝"，但您且记住，这是"白事"，千万不能见到明星就不管不顾跑过去，找明星大腕签名或者拉住人家合影。要知道这种做法不合时宜，是会破坏丧礼庄严肃穆气氛的。

人前背后不能传闲话

闲话，就是闲着没事说的话，也就是无聊的话。

按中国人的价值观来说，闲话是个贬义词。因为闲话里有真有假，有实有虚，是非难辨。甭管什么人，一旦归到闲话里，名声自然扫地。

所以，中国人在劝人时常说："做人做事一定要本分，千万别有贪心，做出点儿框外的事儿，招惹是非，回头让人传闲话。"由此看来，让人传了闲话，是一件丢人现眼的事儿。

为什么中国人这么惧怕闲话呢？因为闲言碎语非常容易飞短流长，在传的过程中，难免不掺杂个人感情，添枝加叶，无中生有，以讹传讹。传着传着，好人也变成了坏人。

正因为如此，中国人从小就教育孩子不传闲话，并且把它作为做人做事的规矩，伴随一生。毫无疑问，不传闲话，是一个人的好品德。

说起来，不传闲话这个老规矩早已有之。《弟子规》里，就有"见未真，勿轻言；知未的，勿轻传"的规矩。

没见到的事，不要轻易跟人说，不知道的事儿，不要轻易往外传。

笔者认为，中国人的这个老规矩现在还有意义。不传闲话，到什么时候都应该是一种美德。

别忘了回好儿

现在很多年轻人已经不知道什么叫"回好儿"了。说起来，这可是北京妇孺皆知的一个老规矩。

什么叫"回好儿"？北京人礼数多，平时见了面儿，不但要相互请安问好儿，还要给对方的至亲（比如父母、叔叔大爷、哥哥姐姐们）带好儿。

一般是这么说：

甲："您老最近好呀？"

乙："好。好。"

甲："大爷大妈好呀？"

乙："好好，让您惦记着。大叔大婶也好吧？"

甲："好，好。"

乙："得，劳您给大叔大婶带个好儿，替我给他们请安。好长时间没见着他们了。让他们多保重，改天我再拜访他们去。"

甲："我这儿替他们谢谢您。您也给大爷大妈带好儿请安。告诉他们，我爸我妈都挺好的。改日我登门拜望二老去。拜托拜托。"

甲、乙的这番问好儿和带好儿，并不是虚头巴脑地随意那么一说，而是真把这个"好儿"，带到大爷大妈和大叔大婶那儿。

所谓带"好儿"，也就是告诉自己的父母，见到谁谁了，人家问您好儿呢。

"好儿"是带到了，但不是知道了就完事儿了。按中国人的规矩，大爷大妈也好，大叔大婶也罢，必须回"好儿"。

在没电话、也没电脑、更没微信的年代，这"好儿"怎么回？或者让人捎"好儿"，或者写信直接回"好儿"。

捎"好儿"，就不是一句话了，通常要买点儿东西，知道对方家里有小孩儿的，买件小孩儿衣服，或者买点儿小孩儿喜欢的吃食。有老人的，买点儿老人能吃的东西，让人带去。

总之，人家给自己带"好儿"了，自己"回好儿"要有所表示。

从"回好儿"，可以看出北京人的人情味儿。北京人常说的"两好儿并一好儿"，指的就是这个。

不能还给人家空碗

早先，中国城市里的人多住大杂院。中国人古道热肠，充满人情味儿，街坊四邻，尤其是一个院的邻居之间，"走"（相处）得像一家人。

那时候，谁家来了亲戚，带来点儿土特产，总觉得是稀罕物，短不了都要让院里的邻居们尝个鲜儿。有时，谁家做了点自己拿手的时令吃食，也会让邻居们尝一尝。

邻居给您送吃食，要用盘子碗儿。当然，这盘子碗儿，您要还给人家。按中国人的规矩，不能还空盘子空碗儿，您在还的时候一定要在盘子碗儿里放点吃食。

比如，邻居大妈做的糊饼非常有特色。初夏，西葫芦刚下来，大妈用西葫芦做了一些糊饼，拿盘子盛着，送给您两张，尝尝鲜儿。顺便还给您端来一碗绿豆小米粥。您把糊饼吃了，粥也喝了，还大妈盘子碗时要在盘子里放几块西瓜，在碗里放几个杏儿、李子什么的，总之，盘子碗儿不能空的。

为什么还盘子碗儿时不能是空的？除了有礼尚往来，还空碗儿或空盘子，不懂人情世故的原因以外，中国人比较迷信，认为还空碗和空盘子不吉利。

在中国，只有要饭的"叫花子"（乞丐）才拿空碗或空盘子呢。您给人空碗和空盘子，那不等于寒碜人吗？所以中国人才有这条老规矩。

　　　　　　　　　　　／ 中国人的规矩

朋友送一还礼是二

中国人讲究礼尚往来，投桃报李。什么叫投桃报李？就是人家送给您一个水蜜桃，您不能空口道谢，得回手送给人家一个大个儿的李子。

但是按中国人的规矩，光拿一个李子回报人家的一个桃，似乎还不行。人家送给您一个桃，您至少要还人家两个桃。这就是所谓"还礼"的讲究。

人家送一，您绝对不能还一。还一，等于应付人情，用北京话说是"圆面儿"；还二，等于维护人情，用北京话说是"长（zhǎng）脸"。这就是中国人对还礼的老规矩。

比如：您的儿子上大学，邻居李二叔送来500元的贺礼。转过年，李二叔的儿子结婚，您要还礼。但您就不能也送500元钱了，送多少？至少是两倍，也就是要送1000元。

当然，还礼也要看自身的条件，比如您家的经济条件要比李二叔家差一些了，让您拿1000元，您得咬牙，还要勒裤腰带。那您就拿600或800元。总之，既然是还礼，就要比人家送给您的要多。

从这个老规矩，您就会发现中国人的礼有多大了。

不能"胳膊肘"交朋友

在中国的方言土语里，尤其是在北京土话里，"胳膊肘"是个形容词，即拐弯儿的意思。

不能"胳膊肘"交朋友。也就是不能拐弯儿交朋友的意思。交朋友还会拐弯儿吗？当然会。它是什么意思呢？

举个例子吧，比如王五和李四是好朋友，在一次朋友的聚会上，王五通过李四，认识了张三。当然，张三跟李四是朋友。

在这次聚会上，王五跟张三一见如故，相见恨晚。于是两人在散席的时候互相加了微信，私下联系上了。

后来两人绕过李四，一起干了许多事儿，最后成了铁哥们，而李四对此一点儿都不知道。这就是"胳膊肘"交朋友。

中国人在交朋友这件事上设置了许多门槛，因为交友不慎，后患无穷，所以古往今来，人们对怎么交朋友，交什么样的朋友立了不少规矩，不能"胳膊肘"交朋友就是其中之一。

为什么不能"胳膊肘"交朋友呢？

因为王五通过李四，认识了张三。而他对张三并不了解，假如张三是个品行不端的人，王五被其假象所蒙骗，交了朋友会吃亏上当的。

再者说，中国人交朋友讲究义气，"胳膊肘"交朋友，等于绕开原来的朋友，这种做法本身就是不义之举。

假如王五跟张三一见如故，想跟他交朋友，那么，就大大方方把自己的想法告诉李四，李四对此点头，您再跟张三联系。

此外，还有一种情况，也需要经过中间搭桥的朋友认可。比如王五在参加李四操办的一个活动中，认识了张三。张三是一所重点中学的负责人，正好王五有个孩子今年小学毕业，王五想求张三帮忙让自己的孩子进重点中学念书。

按中国人的规矩，王五是不能直接跟张三提这事儿的，因为之前他们并不认识，相互之间都不知底，刚认识就让人帮忙不合适。

那么，王五应该怎么办呢？

首先，王五得把自己的想法告诉李四，然后让李四做主，怎么跟张三提这事儿？

自然，李四对张三知根知底，对张三能不能办这种事儿，办这种事需要什么条件，他心里有数。他会告诉王五要不要跟张三提这事儿，怎么跟张三提这事儿？

假如张三是个办事非常严谨的人，不管谁的孩子上学，他都秉公办事，对相关规定绝不越雷池一步。那么，李四就会劝王五不要找张三，给人家添麻烦。

话又说回来，如果王五为孩子上重点中学心切，没跟李四打招呼，绕过他，直接找张三联系，要跟张三交朋友，最后达到孩子上学的目的，那么王五也就违背了中国人的规矩。

当然，王五就是绕过李四，跟张三"胳膊肘"交朋友，最后也有可能达不到自己的目的。为什么呢？

因为张三很可能并不是王五想象的那种人。末了，也许跟张三的朋友交不成，孩子进重点中学的事儿也没戏，临完还把李四给得罪了，最后鸡飞蛋打，一场空。您说这不是得不偿失吗？

不能跟邻居借刀剪

老话说："远亲不如近邻。"在中国人的生活观念里，邻里之间要经常走动，邻里关系，亲如一家。

亲如一家？对，因为两家门对门，或两家门挨门，中间只隔着一堵墙。拆了这堵墙，不就是一家人了吗？

也许除了老伴儿，跟您最亲的人是您的儿子或女儿，但您住北城，您儿子住西城，女儿住南城，离着十多公里。您家里有点什么事儿，第一时间能赶到的，肯定是您的邻居。

所以邻里关系有时不是亲人，胜似亲人。亲到什么份儿上呢？您家里缺点什么，都可以到邻居家拿。

比如，家里来了客人，坐的椅子不够了，便可以直接到邻居家去借。

炒菜，锅烧热了，一看，酱油没了，现买，来不及了，怎么办？到邻居二婶家，把她家的酱油拿过来直接用。

在中国人看来，街坊之间，许多吃的穿的用的都可以借。张家二哥要去相对象，就是跟别人介绍的女朋友见面，但找不出一件像样的外衣。

正好对门王家四叔的儿子，有身刚做的西装，他的身材高矮胖瘦，跟张家二哥相仿，张家二哥跟四叔的儿子张嘴一说，人家没二话，就会把新做的西服让给他先穿。

但是，按中国人的规矩，街坊四邻之间，许多吃的穿的用的都可以借，但有两样东西是不能跟人借的。

/ 中国人的规矩

哪两样？

一样是刀剪，还有一样是香火，包括蜡烛。

刀剪，通常指的是切菜的菜刀和做针线活儿的剪子。这两样东西，被家庭主妇视为过日子离不开的家什，但也被视为凶器。

中国人过年，从正月初一到初四，女人是不能动刀剪的，只有到了初五，才可以破戒。所以正月初五，也叫"破五"，为了庆贺女人们破戒，这天家家户户要吃饺子。

正因为刀剪在家庭主凶（属于凶器），所以中国人不能跟别人借刀剪，人家也不会把刀剪借人。在迷信的中国人看来，借刀剪，等于是借祸，是一件十分不吉利的事儿。

另一样不能借的是香火和蜡烛，跟不能借刀剪的寓意差不多。香火和蜡烛，就是人们拜佛时焚烧的香、点的蜡烛。

在日常生活中，它还有两个用途，一是夏天燃香，可以熏蚊子。二是拿它点爆竹的药捻儿。

但甭管干什么用，香是绝对不能借的。为什么？主要有两个原因：

一、香是拜佛的信物。说到这儿，给您长点儿学问。您知道为什么拜佛要焚香吗？因为香点着以后，烟会冉冉升起，飘向天空，它似乎可以传递一个信息，告诉"天上"的佛，有人在向你顶礼膜拜。

所以，民间有"拜佛不烧香，拜了也白拜"的说法。由此可见，香火在民间的重要性。您说它能借给别人吗？

二、在老百姓看来，香火既然有"信息传递"功能，它不但能给佛爷递信儿，也能给家族的子孙后代传信儿，所以，家族的血脉传承，也被视为传递香火。中国人见谁家添（生）儿子或孙子了，往往会说："您家的香火续上了。"

您瞧，香火在中国人眼里有多重要。所以，借什么也不能借香火。从这个意义上看，借香火的另外一个寓意，等于侮辱人或骂人呢。

借人家东西赶紧还

借东西要还，这是三岁小孩儿都知道的常理，没什么可说的。但加上"赶紧"这个词儿，就有的说了。

为什么借了人家东西要赶紧还呢？这跟中国人住的环境有很大关系。从前，中国城里人多住在大杂院里，通常一个院有五六户人家，当然，大的大杂院有几十户。

俗话说，远亲不如近邻。那会儿，大杂院的街坊四邻，平常走得非常近，像现代京剧《红灯记》里的一句台词儿："有堵墙，是两家人，拆了这堵墙，我们就是一家人。"

正因为如此，街坊之间，借东西是常事儿，而且日常生活中各种物品都可以借，甚至衣服、鞋帽。

笔者有个"发小儿"，个头儿胖瘦跟我差不多，他家里生活困难，但又爱面儿。我参加工作早，挣钱比他多。他搞对象时，跟女朋友见面儿，身上穿的皮鞋和冬天穿的棉猴、戴的羊剪绒帽子，还有骑的自行车都是跟我借的。当时，这种事儿很正常。

借东西不碍事，关键是借了人家东西要赶紧还，不要等人张口要。

老话儿说："好借好还，再借不难。"因为您跟人借的东西，也许是人家手头正在用的，您跟人家借，人家先紧着您用了。

就拿上面说的，我的那个发小儿跟我借的鞋呀帽子呀棉猴呀，那都是我正穿的东西。他借穿，不过是用来做"道具"，体面一下，给小姑娘留下一个好印象，他马上就得还我，不能让我挨冻。

正因为如此，中国人才有这个规矩：借人家东西赶紧还。

当然，这"赶紧"，还有另外一层意思，人多好忘事，借了人家的东西，用完了，如果不赶紧还，难免有忘了的时候。

一般来说，跟别人借东西，多是"救急"（急用），用过之后，很容易遗忘，尤其是钱。所以，用过之后马上还，可以避免出现不必要的后遗症。

借什么东西可以不还

中国人的邻里之间，平时过日子，相互之间借点儿东西，是常有的事儿。一般像油盐酱醋之类的，用过之后，往往不用还。

因为在一个院儿搭街坊住，抬头不见低头见，这些人情儿，以后还有机会还。再说，这些仨瓜俩枣的东西，也值不了几个钱。

除了这些不值得一提的东西之外，还有一样物件，按中国人的规矩，借了以后不用还，那就是煎药的砂锅。

人吃五谷杂粮，难免有头疼脑热的时候。在以前，人们身体不舒服，不像现在似的到医院看西医，一般是到药铺，找坐堂的中医大夫把脉问诊，开个方子，抓了药后回家自己去煎。

煎药得用药锅，中国人的药锅通常是砂锅。这种砂锅外表看上去比较粗糙，并不值钱。

一般家庭，小两口儿，带三个四个孩子，年轻力壮的，家里不备煎药的砂锅。孩子有毛病，大夫开了药得回家自己煎，没有砂锅，现买可能又来不及，只好跟邻居张嘴借。正好邻居李大爷年老多病，家里备着几个砂锅，听说您家孩子有病，人家就拿来一个让您用。

您用李大爷的砂锅，给孩子煎了几剂汤药，孩子吃了以后，病好利落了。这时，您想起这药锅是跟李大爷借的。

怎么办？是还，还是不还？

假如您不懂中国人的规矩，可能会觉得药锅是跟李大爷借的，用完了，当然得还给人家。中国人有话：有借有还，再借不难。于是，您就把这药锅还给李大爷了。

还可是还了，但，您也许想不到，李大爷当着您的面儿，跟您还客客气气，但等您走了，他转过身不定怎么骂您呢！如果李大爷的脾气大，会一抬手，把这个还回来的药锅给摔喽。

为什么老爷子会发这么大的火儿？就因为您不懂规矩，把药锅还回来了！

敢情还药锅，是中国人的大忌。中国人迷信，药锅，是给有病的人煎药用的，您借了药锅，再还回来，等于把"病"带给人家

/ 中国人的规矩

了。这不是给人添堵吗？您想人家能不急吗？

您把药锅给还回去，人家急是急，但又有口难言。所以，通常中国人是不跟人借药锅的，即便是一时急需，跟人借了，也用不着再还了。

这个老规矩，中国人现在还恪守着，您最好记着点儿。

劝和儿不能拉偏手

劝"和儿"，就是劝架，北京土话也叫拉"和儿"。

中国人爱凑热闹，街面儿上有点儿什么动静，短不了要跑过去看看，所以，围观经常是中国人的街头一景儿。由于北京人具有北方人那种豪侠仗义的性情，喜仗义执言，爱打抱不平。

北京人打抱不平，跟山东人的"路见不平就出手"不一样，往往是"君子动口不动手"，除非是双方动了干戈。

劝架，拉"和儿"，甭管是动嘴，还是动手，北京人是有许多规矩的。通常两个女子打架，男子是不能过去劝的。按老规矩，甚至不该看这"热闹"。

再比如男人跟女人打架，您是男的，过去拉"和儿"，千万不能劝女的，只能说男的不是。即使是文弱的男子，遇上了强悍的女汉子，被打得鼻青脸肿喊"哎哟"，您也不能说那个女的，当然更不能动手。

这个老规矩，跟封建社会"男女授受不亲"的礼教有关，也属于避讳一类的老规矩。首先，您是男的。女人打架，您过去劝"和儿"，您跟这个女的到底是什么关系，谁也说不清，容易闹误会。

其次，女子在男子面前，一般来说是弱者。同情弱者是人们有共识的道德理念。您如果是男的，过去劝女的，会让人以为打架是女子的错儿，引起欺弱之嫌。

两口子打架不用劝

北京人喜欢抱打不平，也喜欢劝架，但有一种架，按北京人的规矩，是不能劝的，那就是两口子打架。

当然，这也要看架打到什么份儿上，如果是真刀真枪玩了命啦，那又当别论，谁也不忍心在自己眼面前出人命。

这里所说的打架，就是一般的吵嘴。北京有句老话儿："两口子打架不用劝，搭起桌子就吃饭。"两口子居家过日子，短不了有砂锅碰笊篱的时候，拌两句嘴，甚至于红了脸，动起手来，您都不用过去劝。

为什么？老话儿说得再明白不过了：人家是一家子，搭起桌子就吃饭。心里别扭两天，那股子怨气也就烟消云散了。您作为朋友也好，作为邻居也罢，怎么说也是外人，人家两口子的事儿，您未必清楚。

看人家吵架拌嘴，您就冒冒失失过去劝。看着您是热心肠，好心眼儿，实际上是给人家添堵。因为人家本来不想让人知道他们吵架的，您这一出面，反倒让他们觉得丢了面子，相互之间找不到台阶下了。

中国的老年人管这叫不懂规矩。年轻人看到这种事，会嘲讽说"冒傻气"。说起来，现实生活中，真有这路不开面儿的人。

您说他不开面儿吧，他还爱多管闲事儿。人家两口子吵架拌嘴，他偏要过去多嘴多舌，插一杠子，给人添堵。所以这个老规矩，到现在依然适用。

"冲喜儿"也是人情

"冲喜儿"，是中国人的一个风俗。现在，有些年轻人已经不知道这种俗例儿了。

什么叫"冲喜儿"呢？中国人认为，家里有人得了不治之症，有人发生了意外，有人做买卖赔了大钱，或者有人犯了法被抓了起来等等，都是因为家里走了"月白运"（厄运），有了晦气。所以要办点儿喜事儿，冲一冲这种晦气。

什么是"喜儿"呢？比如儿子孙子结婚了，长辈儿祝寿了，小孩儿满月、百日了等等。用这种喜事儿把那倒霉的晦气给"冲"了，可能就会转运。说起来，这纯属迷信，带有自欺欺人的色彩。

这种习俗，最早来自对病入膏肓的老人的精神安慰。家里的老人病危，儿女当然着急，赶紧给老人打口好木头的棺材，做身布料好的装裹衣服，让老人看了高兴高兴，这一喜（高兴），自然就把病给冲掉了，没准人就好了。

俗话说，人逢喜事精神爽，这一冲，有时确实能起到"缓冲"作用，但人已经气若游丝了，"缓冲"也只是一会儿的事儿。不过，对于一个行将就木的人，临终前能见喜的确也是一种心理安慰。如果从人性的角度看，"冲喜儿"倒也体现了中国人特有的人情味儿。

"冲喜儿"既是民俗，又是一种老规矩。假如家里有老人得了重病，这种病又一时半会儿咽不了气，而孙男弟女的婚期如约而至，按老规矩，就不要等了。

因为照通常的说法，家里有重病人，办喜事不吉利，或者说不合时宜。而"冲喜儿"这个老规矩，却能两全其美。当然，重病之中的老人，看到儿孙的幸福，也是一种慰藉。

附带说一句，"冲喜儿"对当事人来说，只是一种精神安慰，现在对此迷信（真信）的人已经不多了。

丑话说到头里

所谓"丑话"，就是别人不爱听的话。这些话谈不上对错，更是跟长得丑俊没有任何关系。

中国人有句口头禅："我跟您可是丑话说在头里。"它的意思是，办一件事儿，只能有两个结局——成与不成。或者说一成功与失败。您在跟人谈办这件事的时候，一定要把不成的这种可能性，也就是"丑"，如实地告诉人家。

这个老规矩，就跟您的家人要做一个大的手术，医生会告诉您手术的风险，还有可能发生的意外。反正医生已经把丑话说在了头里，手术是做，还是不做，由您和家人商量决定。丑话说到头里，可以避免许多不愉快的事发生。

其实，中国人是非常好面子的，有些"丑话"明明已经看出来，但碍于情面，往往不好意思说出来，结果，事儿没办成，还得罪了人。正因为如此，中国人才立了这个老规矩。

您在谈事儿的时候，当把"丑话"说出来之前，还要说出"丑话说在头里"这句话，以示您就是要让对方明白，要办的这件事儿的风险，让其做好不成功的心理准备。

不能什么都说自己行

不说自己行。这是中国人经常告诫晚辈的一句话，也是中国人的规矩。

中国人做人做事，不喜欢张扬，讲究含蓄，信奉"真人不露相，露相不真人"。

什么叫"真人"？说白了，就是有真本事的人。所以，按中国人的规矩，在一般情况下，自己不能吹嘘自己，一件事，别人都不行，就我行。这是中国人的大忌。

中国人做事谨慎，不说大话，也不说满话。比如有人想让他办一件事儿，问他行不行的时候，他不会说："没问题。这事儿你就包在我身上，您就踏好儿吧。"

相反，他会说："这事儿可有点儿难度。我试试吧。能帮忙，我尽量使劲儿。"

即便这事儿，他手拿把儿攥，他也要这么说，绝不把话说满，说到家，让自己没有回旋的余地。

为什么我们要谨言慎行，说话留有余地，不在别人面前说自己行呢？

首先，中国人自古以来，都以自谦为美德。在跟人谈话时，一般都把自己摆在一个卑微的位置上。您听那会儿的谦称："鄙人""卑人""小可""老朽""奴才"等等。就知道当时的人，是如何谦虚谨慎，夹着尾巴做人了。

在那个年代，低调做人被视为高尚的人品，也被社会认可。那会儿，人越说自己无能，却越让人觉得有能耐。越说自己卑微，却让人觉得他高大。

如鲁迅先生所说："愈是无聊赖，没出息的角色，愈想长寿，想不朽，愈喜欢多照自己的相，愈要占据别人的心，愈善于摆臭架子。"

实际上，那会儿的人是用一种自谦，甚至可以说是一种自损，来寻求自尊与高尚。您想当时，连皇上都谦称是"孤家""寡人"了。在君主制的年代，整个国家都是皇上的，他却说自己是"孤家"。

其次，北京人不说自己行，跟北京是六朝古都有很大关系。因为首都是全国的政治文化中心，所以，北京的地面儿上人才荟萃，藏龙卧虎，更是山外有山、人外有人。一句老话说得好：您也不知道地面儿上，哪块石头绊人。您说您行，殊不知背后，有多少人比您更行的。

所以中国人，从小就教育自己的孩子，不要把话说满，不要上来就说自己行。

时过境迁，社会生活和人们的思想观念已经发生了巨大的变化。"别说自己行"的老规矩，在现代社会的很多场景中，显然不适用了。职场上推崇的是"自我包装""自荐"以及各种"选秀"，如果谁说自己不行，等于"自残"。

但在人与人的交往中，"别说自己行"的老规矩也许还有意义。因为谦虚谨慎，戒骄戒躁，到什么时候都是一种优良品质。

小人不能得罪

中国的民俗，正月初五要吃饺子。为什么这一天要吃饺子呢？

有几种说法，一是过年从初一到初四都有禁忌，比如女的不能动刀剪，不能扫地，等等，但到了初五，这些禁忌就解除了，所以这天又叫"破五"。

还有一种说法是，包饺子是捏小人嘴。因为小人的这张嘴比较缺德，喜欢搬弄是非，所以要把他的嘴给包了吃掉，这样一年就不会犯小人了。

什么是小人？无需解释。其实，最早的"小人"一词，是从事脏苦累工作的劳动者。到了春秋时代的后期，君子和小人，才成为有德和无德的专用名词。

由于小人心胸狭窄，嫉贤妒能，容易记仇，而且阴险毒辣，反复无常，他们如果抓住报复的机会，会不择手段。

所以，历代的哲人和贤人对小人都嗤之以鼻，告诫人们，在生活中要"近君子，而远小人"。《管子·牧民》里说："信小人者失土。"《荀子·劝学》中说："小人之学也，入乎耳，出乎口。"

正因为小人总是玩阴的，很多时候，让人防不胜防，所以老辈人告诫人们："宁可得罪君子，不可得罪小人。"

当然，中国人对小人也是谈之生畏。在中国人的眼里，人生有"几大倒霉的厄运"，其中之一是"犯小人"。

什么叫"犯小人"？中国人认为：小人是埋藏在身边的炸弹，平时什么事儿都没有，只有到了褃节儿上，他才爆炸。"犯小人"如同炸弹爆炸。用北京土话说：犯在他（小人）手里了。

您想谁不怕炸弹爆炸（犯小人）呀？所以，中国人有个老规矩：待小人要宽，防小人要严。

其实，这跟古人说的"远小人"是一致的。"远小人"是让您见了小人，离他远远儿的。但在现实生活中，很多时候，您明明知道他是小人，由于种种原因，还要跟他相处。怎么办？只能对小人宽厚，别让他有爆炸的机会。中国人有话：休与小人为仇，小人自有对头。

老话说："害人之心不可有，防人之心不可无。"按中国人的规矩，对待小人，要和平相处。到什么时候，也不要得罪小人。

有了钱也不能"烧包儿"

"烧包儿"是中国人的土话。这句土话最初的意思是：侥幸得了一笔意外之财，激动得难以自制，弄得心神不大正常了。

"烧"，是形容词，形容人火烧火燎的样子。在北京土语里，有时直接用"烧"字儿，比如说："瞧他买彩票中了一个大奖，烧得他找不着北啦。"

这句土话，后来又有所延伸，比如有人升了官，发了财，说话牛气哄哄，花钱挥金如土，也被称之为"烧包儿"。但不管怎么延伸，这个词的原意不能变，那就是"意外"。因为只有意外，才会让人激动得身上发"烧"。

在中国，人们的日常生活中也会有一些意外的收获。比如有这么一个人，家里穷得叮当响，有上顿没下顿儿。突然有一天，一个古董商到他们家，发现他们家腌咸菜的罐子，是一件宋代皇宫里用过的瓷器，窑口属于汝窑，价值连城。最后古玩商花了一百万把它买走。这个人等于一夜暴富。

假如他手里有了钱，烧包儿了，忘乎所以，一掷千金，估计很快又会成为穷光蛋。所以，北京有个老规矩，有了意外之财，千万不能"烧包儿"。

"烧包儿"，跟现在流行的"嘚瑟"一词儿，有异曲同工之意。"嘚瑟"是东北土话，也是发了财，不知天高地厚的意思。但"嘚瑟"一词儿，"意外"不是主要因素。二者还是有区别的。

穿衣要得体

北京人讲究什么场合着什么装，现在也是穿衣戴帽万变不离其宗，出门儿要穿得体了。渔才写

京华风情并画

打扮篇

一些穿衣打扮和
互相走动的规矩

穿衣打扮要得体

逛衣，也是北京土话。顾名思义，所谓逛衣，就是出门逛街时穿的衣服。当然，逛街是个广义词，准确地说，逛衣是出门穿的衣服。

在日常生活中，人们穿衣服是有区别的。比较而言，在家里穿的衣服，要随意一些，不大讲究，用现在的说法，穿得比较休闲。出门就不一样了。俗话说："人靠衣服马靠鞍。"中国人还有一句俗语："笤帚疙瘩打扮打扮，也有几分人样儿。"所以，人们对逛衣比较在意。

按中国人的规矩，逛衣穿得要得体。什么叫得体？说白了，就是穿着要大方合体，符合自己的身份。

通常出门穿什么衣服，怎么打扮，跟您到什么场合，参加什么活动，有一定关系，并非说出门一定要穿正装。比如您是出门旅游，自然要穿休闲类的衣服，您出门锻炼，当然要穿运动服。

以前的中国人穿衣着装，没有现在这么多样化，一般分为在家穿的衣服和"官衣"两种。在家穿的衣服，就不用细说了。"官衣"却有许多类别。

所谓"官衣"，用现在的话说，就是"职业装"，或者叫"工作服"，比如法院的法官穿的制服，警察穿的警服，铁路职工穿的路服，医院的医生护士穿的白大褂等等。通常"官衣"只能在工作的时候，即"班儿上"穿，平时是不能穿的。

但不可否认，人们穿衣戴帽不仅和民俗民风及老规矩有关，也跟政治经济现状、社会风气有很大关系。在 20 世纪 60 年代，北京的年轻人流行穿军装、戴军帽、穿军鞋（北京土话：解放鞋，军拐）。

军装，最初是土黄色，后来改为"国防绿"，不但年轻人喜欢穿，连国家领导人都穿。当时，还没人敢仿冒解放军的军装，所以能有一件军装，也是很时髦的事儿。

到 20 世纪 70 年代，又流行穿劳动布（类似牛仔服的布料）的工作服，不但在工作时穿，出门逛街时穿，就是参加婚礼这样的庄重场合也穿。因为工作服两年发一身，通常两年也穿不坏，所以，一般在职职工会有几身工作服，可以轮换着穿。

正是由于这种"步调一致"的穿衣方式，把北京有关穿衣的一些老规矩给破了。

其实，严格来说，出门穿的逛衣，不应该包括"官衣"。当然要分参加什么活动，比如工作单位举办的活动，一般还是要求穿"官衣"的。

几百年来，人们都遵循着这样一个穿衣原则：在家和出门要有区别。按中国人的规矩，到什么地方，参加什么活动，就要穿什么衣服，不能随意。比如参加婚礼，您穿"官衣"或者穿运动服就不合适了。

中国人讲究面子，当然出门逛街，要穿得体面，但也不能穿得太夸张。中国人比较守旧，"时尚"这个词，是 20 世纪 80 年代改革开放以后才流行的，所以，中国人穿衣的款式比较单调，色彩也相对单一，比如中年人，大都喜欢穿色彩沉稳、庄重的黑色、蓝色、灰色等，当年曾出现过"全国山河一片蓝""全国山河一片灰"等奇特的穿衣现象。

改革开放以后，人们穿衣更重视款式的多样化和色彩的流行色。过去被嗤之以鼻的"奇装异服"，渐渐成了时尚。在人们穿衣更大胆、更开放、更时尚的同时，重提北京穿衣的老规矩，显得有些不合时宜了。

但笔者认为：穿衣戴帽，万变不离其宗，中国人出门穿衣要得体的老规矩，并没有过时。

外场别撸袖子绾裤腿儿

这里说的不能将袖子绾裤腿儿，指的是在大庭广众面前，或者说是在正式场合。平时您在家，愿意怎么撸怎么绾，没有人管您。

通常人们穿衣服，很少撸袖子。撸袖子大概有这么几种原因：

一是因为天气热，出了一身汗，撸起袖子想凉快凉快。

二是洗手洗脸，怕把袖子弄湿，撸上一些。

三是有时搬东西，干力气活儿，或者摔跤用劲儿时，短不了要撸起袖子来使劲儿。

四是跟人叫横儿使狠，为了发威斗猛，把袖子撸起来，显示自己的蛮劲儿。

也许正因为是上面说的第四种情况使撸袖子看上去不雅，甚至会给人留下粗鲁野蛮的印象。

缩裤腿儿的情况就更少了，除了蹚河水，或者嫌裤腿儿长，一般很少有人缩裤腿儿。在中国人，通常只有干脏活苦活儿的人，或者农民才缩裤腿儿。所以，人们把缩裤腿儿视为贫穷卑贱的形象。一般人忌讳缩裤腿儿。

当然，还是那句话：您在家里，没人跟您去计较这些。但是在公共场合则不然了，您将袖子缩裤腿儿出现在大家面前，既显得自己不雅观，不庄重，也是对其他人的不尊重。所以，在正式场合，是不能将袖子缩裤腿儿的。

出席婚礼要穿正装

参加婚礼要穿正装，本来应该是众所周知的事，但也不尽然，笔者在收到的请柬中，常常会看到在邀请语的下脚会有一行小字：敬请您穿正装出席。当然，写这类着装要求的并不限于婚礼。

为什么要写上这行小字？笔者以为，婚礼，包括其他比较庄重活动要穿正装还没有成为共识。

问题往往出现在什么是正装上。在中国人的认知里没有正装这个词儿。什么是正装？我们通常的理解是：正式场合穿的服装。

那么，什么衣服是中国人在正式场合穿的服装呢？现在公认的男士正装是西装（西服）。

有人认为，西装是外国人穿的，即所谓的"洋装"。中国人的正装应该是带有民族特色或地域风格的服装。比如中国人喜欢穿的中式衣服：唐装。

其实，这种观点并不全面。也许您有所不知，早在1911年，民国政府就把西装列为礼服之一了。您看当时的老照片，就不难发现，许多有文化有身份的人，在正式场合几乎都穿西装。当然，这一时期，也流行据说是按孙中山先生的思路设计的"中山装"。

现在时兴的西装款式设计，据说是一个叫菲利普的法国贵族，从打鱼的渔民和马车夫穿的衣服受到的启发。这种散领、少扣、开气儿的款式，方便自如。后来，在路易十四时代，以上衣、背心、裤子三件套，流行于世。

西装款式的形成大约在19世纪中期，到19世纪末基本定型。当然，西装的最大特点是"成龙配套"。光穿上衣不行，还要与衬衫、领带、裤子、皮鞋，包括马甲等进行搭配。因此这种着装，显得庄重、沉稳、落落大方，又文质彬彬。所以，被世界许多国家所接受。到20世纪初，西装已在世界各国广泛流行。

相比清代官面儿上流行的正装——长袍马褂，西装要显得利落、开放、自如，所以被当时的一些社会精英所推崇。随着"新文化运动"的深入人心，西装很快得到了普及。

新中国成立后，由于历史的原因，正装以四个兜、立领的"中山装"以及后来三个兜的"建设服"为主，但国人出国访问，一律要穿西装。

改革开放以后，人们的思想观念发生了巨大变化，在穿衣打扮上，也越来越开化并逐渐与世界接轨。西装重新受到中国人的青睐，以至在20世纪90年代，人人以穿西装为美，弄得西装"臭了街"。

由于人们对西装文化缺少了解，在穿西装时，也非常随意，有的人上身穿西装，也不打领带，下身穿松紧口儿的灯笼裤，脚下蹬千层底布鞋，看上去中不中洋不洋，不伦不类。时过境迁，随着人们对正装文化的认识，以及款式的多样化，西装又重新定位于正装，不能随意乱穿衣服。

婚礼是人生比较庄重的仪式，参加婚礼穿正装，既是自身的一种体面，也是对新郎新娘以及他们家人的尊重。当然这也是中国人的规矩。

自然，正装要以西装为主。但有的人穿西装不习惯，也可以选择穿其他服装，但一定要体现出正装的"正"字儿来。换句话说，不能随意。

需要说明的是：如果是穿西装参加婚礼，那就要"成龙配套"。即衬衣、裤子、皮鞋要成"一统"，此外，必须扎领带。

参加葬礼别穿艳服

艳色，就是指鲜艳的颜色。随着社会的文明进步和开化，人们在服装色彩的选择上，越来越追求艳丽了。

从前，上了岁数的中国人，都喜欢穿深色的衣服，因为深色的衣服显得沉稳，符合老年人的性情。

现在则不同了，很多老人喜欢穿艳色衣服。因为艳色衣服，比如红色、黄色、橙色等，色彩鲜明，欢快、活泼、热烈，老年人穿着显得年轻。

所以说，服装色彩的变化，也反映出不同时代的精神面貌。现在，国际时装界每年都公布经过专家评选出的流行色。穿艳色的服装也成为潮流。

但穿什么艳色的衣服，在不同场合，也是有讲究的。比如艳色的衣服，您在家里或非正式场合可以随便穿，但在有些场合却要慎重。按中国人的规矩，丧礼上，就不能穿艳色的衣服。

你想在大家心情沉重、充满悲伤的丧礼上，您穿着艳色服装，那不是给丧家添堵吗？

所以，参加丧礼最好穿黑色衣服，如果没有，也可以穿深色衣服，无论如何不能穿艳色衣服。

打招呼要先叫尊称

这是中国人从小就教育自己的孩子要知道和要遵守的老规矩。

中国人礼数多，从小就教育自己的孩子，要懂得会"叫人儿"。

什么叫会"叫人儿"？就是见了年纪大的老人，叫爷爷或奶奶；见了跟自己父母岁数差不多的，叫叔叔或阿姨；见了比自己大点儿的小孩儿，叫哥哥或姐姐；见了比自己小的，叫弟弟或妹妹。总之，不能没有称呼。

按中国人的礼数，甭管是谁，见面儿一定要打招呼。这种招呼，并不是后来才时兴的"您好"两个字，也不是北京人喜欢说的见面语："吃了吗您？"而是随着人的行为动作来定的。

比如，您在院子的大门口儿，碰上了正往外走的邻居张大爷。您就可以这么跟他打招呼："张大爷，您出门呀？"

他可以这么回应您的招呼："是呀！我到商店买点儿东西。"

如果您在大门口遇到张大爷买东西回来了，您可以这么跟他打招呼："张大爷，您买东西回来了？"

他可以顺着您的话说："嗯，回来了。怎么着，王先生，您出门儿呀？"

总之，这种招呼是根据对方的活动来定的。但是不管怎么打招呼，按中国人的规矩，在打招呼之前，一定要叫尊称。

所谓尊称，就是通常说的先生、叔叔、阿姨、大爷、大妈、大哥、大姐，当然也包括官衔儿，如张局长、王处长、李科长、刘经理，或头衔儿，如林教授、杜老（师）、赵导（演）、钱工（工程师）、孙秘（书长），等等。尊称，没有一定之规，主要看对方的年龄和身份来定。

中国人忌讳打招呼不带尊称，而上来就用感叹词：

"嗨，您来了！"

"嘿，您怎这么早就下班了？"

或者是："哎，西直门火车站怎么走？"

"哎，您看见我的车钥匙放哪儿了？"

这些"嗨"呀，"哎"呀，"嘿"呀等感叹词，如果在尊称前面

打招呼要叫尊称

老北京人的礼教，甭管是谁见面儿要打招呼

净方住

还可以说得过去。假如，没有尊称直接就"嗨"，就"哎"，在中国人看来，跟骂人没什么区别。

中国人听您这么"哎他"，这么"嘿他"，他准跟您急，会给您两句：

"谁姓嗨呀？您这是跟谁打招呼呢？"

或者："您这是'哎'谁呢？'哎'？我有名有姓儿没有？您上来就'哎'。让您这儿是哎老鸹呢？"

所以，您在跟人打招呼时，一定别忘了先叫尊称。如果您跟对方不熟，甚至连他的姓名和身份都不知道，那么，您就直接叫先生、老师或大叔、大姐、阿姨。

见面要行礼

见面儿，先打招呼后握手，现在已经是通行的礼节了。但是如果有人问您："会握手吗？会！那么握手有什么规矩？"估计您得犹豫一下，琢磨半天。

您也许不知道，握手的礼节是从国外传过来的。咱们的老祖宗，见面儿可不兴握手，兴什么？下跪。也叫跪拜。再往后，才有拱手作揖的见面礼。

中国是礼仪之邦，跪拜作为礼节，讲究可就多了，俗语的不说，单说文词儿，就有：稽（qǐ）首、顿首、空首、吉拜、褒拜、膜拜、三拜、九拜等。

稽首，就是跪下磕头，在古代算是最隆重的礼节了，一般只有大臣见皇上，才行这种见面礼。一般人的跪拜礼是顿首。当然，作揖的礼节，讲究也不少。这里就不一一细聊了。

那么，握手的见面礼是什么时候传到我们国家的呢？其实，时间并不长。

1911 年的"辛亥革命"，推翻了清朝皇帝，中国几千年的帝制就此宣告结束。1912 年，孙中山先生在南方成立了临时政府。您猜他当上临时大总统，要办的第一件事是什么？

是立规矩！

什么规矩？人们见面儿行什么礼的规矩。封建社会，有皇上的时候，人们见了皇帝要行跪拜礼。皇帝被推翻了，各部的部长，以及政府的工作人员，见了孙先生，肯定不能还像过去那样三拜九叩或拱手作揖了。那要行什么礼呢？

这事不能耽误。孙先生召集各方有识之士经过讨论协商，参照国际通行的见面礼节，最后决定，在全国取消跪拜礼。

确定见面的礼节是：男子为脱帽鞠躬，大礼是三鞠躬，常礼是一鞠躬。平时见了面儿，只行脱帽礼，不用鞠躬。女子的大礼跟男子相同，只是不用脱帽，专行鞠躬礼。

与此同时，也规定了握手的礼节。握手只在志同道合的同志之间使用，一般人不兴握手。换句话说，当时，握手还不是一种见面礼。

辛亥革命以后，随着海外留学的人不断增加，对外交往的大门逐渐打开，握手慢慢儿地取代了鞠躬，成了非常时兴的见面礼。

/ 中国人的规矩

握手的正确姿势

跟跪拜或作揖相比，握手这种礼仪的最大区别是，双方通过手的接触，达到心与心的沟通，而且，双方的地位是对等（平等）的。

正是因为这种特点，使握手这一简单动作，变得复杂起来。20世纪70年代，京城曾流传过这么一个逸闻：

当时，中国刚刚恢复在联合国的合法席位。某国的外交部长来华访问，周恩来总理在人民大会堂接见他。周总理抱着友好的态度，上前跟他握手。

没想到这位外交官玩了个花活，跟周总理握过手后，他掏出手帕擦了擦手，嘿嘿一笑，又把手帕放回衣兜。

这一微妙的动作，显然是违反国际上通用的外交礼仪，有失外交风范，带有侮辱性的。

周总理敏锐地看出他的用意，非常自如地也掏出了手帕，擦了擦手。但他没把手帕放回衣兜，而是一扭脸，扔进了痰盂里。

这个动作，等于回敬了那个外交官的羞辱，让他无地自容。他一方面敬佩周总理的外交风度和机智；另一方面，也对自己的做法感到羞愧难当，追悔莫及。

您瞧，这握手里的学问有多大吧？人们通过握手，可以触摸到对方的性格、感情和待人接物的基本态度，感知到对方的内心活动。

握手不只是见面礼仪，人们平时祝贺、告别、安慰、鼓励等，也会用握手来传递自己的内心情感，当然也是一种礼仪。

握手不但有很多文化因素、交际功能、感情内涵等，在形式上也有讲究，比如握手分为"单手握"和"双手握"，还有"对等式""支配式""谦恭式""抠手心式""拉臂式""握手指式""木头式"等。

虽说这式那式的挺多，但一般的握手方式还得说对等式，也就是双方在友好平等的位置上，谁都不卑不亢地把手伸向对方，双方紧紧相握。这是常见的礼节性握手。

握手要显得自然大方，身体别挨得太近或太远，保持大约一步左右的距离。此外，别人把手伸过来，要跟您握手时，您不能坐着，不能爱答不理，对人不冷不热。要知道这是对人家的轻蔑，甚至给人以难堪。

从礼节的层面说，即便您对对方有怨有仇，当人家把手伸过来时，您也要回应，把手伸过去，相互握一握。这叫："一笑泯千仇，一握解宿怨。"

另外，握手还有许多规矩，比如握手不能太使劲儿。握手时要两眼看着对方，不能东张西望。握手时要上下摇动，不能左右晃动。不能交叉握手，当发现对方跟别人握手时，您就别再伸手了。

还有握手不能超过三秒钟，尤其是跟外国人握手时。按照西方人的礼节，超过三秒钟，就属于"深情式"握手了。

如果您是位中年男子，对方是位老年男子，还好说。假如对方是位少女，您这种"深情式"的握手，就容易让人产生误会了。

应该怎么作揖

作揖，是咱们老祖宗的见面礼仪，也叫拱手礼。这种拱手礼，属于古代男人平时见面常用的礼，女子一般不行此礼。当然民国以后，追求男女平等，女子也跟着行此礼了。

作揖这种礼仪，直到现在也没完全弃用。20世纪80年代末，不知哪位高人，提出改革传统的合桌吃饭，实行分餐或自助餐。

与此同时，也对握手的礼仪进行了改革，见面打招呼，一律实行拱手礼，即作揖。这位高人认为：握手跟同桌共同进餐一样，不讲卫生，如果有传染病会交叉传染。

也许这位高人有些地位，想不到他的高招居然得到了响应，一时间，报刊媒体大加宣传，许多人见了面，也改握手为作揖，并以此为时尚。

岂知世上最难改变的，就是风俗习惯和老规矩。没有几个月，甚嚣尘上的"作揖风"和分餐制便偃旗息鼓了。

当然，以作揖为礼和同桌分餐到现在还有人喜欢，但推广和普及却很难，只能说是少数人的雅好，如同说相声唱大鼓的演员，上台演出穿大褂一样。

那位高人想得有些简单了。握手，这种国际通行的见面礼仪，怎么能取代得了呢？

不过，作揖这种传统礼仪，如今已作为民俗，经常出现在传统节日中。2012年的央视春晚，几个主持人在开场给大家拜年时，用的就是拱手礼。不过，事后有网友在网上发帖说，其中有一位

作揖怎么作

作揖是揖
宗佳不的
见面礼仪
早先是男人
见面常用的礼
民国以后女子也开始
行此礼了 海方罗旧京人物并题云华阁熊亭眯了然希

主持人作揖的手放得不对，称其在全国观众面前露了怯。于是，怎么作揖，一时间成了话题。

笔者认为不应对那位年轻的主持人求全责备。要知道，作揖这个传统礼仪，人们平常是不用的，别说主持人了，很多上岁数的人都不知道作揖有什么规矩，因此年轻人不会作揖，不足为怪。

那么，怎么作揖才正确呢？传统的作揖规矩是右手握拳，左手搭在右拳上，紧紧地抱住，放在胸前，晃动三四下。

为什么要左手抱住右拳呢？据说这个老规矩从老子那儿来的。《老子》中有："君子居则贵左，用兵则贵右。"

古人认为：平时，右手拿刀杀鸡宰羊，打仗时，右手又使用兵器杀人，所以是罪恶之手，而左手是文明之手。所以，在行拱手礼时，要用文明之手，盖住罪恶之手，扬善隐恶，这也叫"吉拜"。

按"阴阳五行"学说，左为阳，主生。右为阴，主凶。所以，在葬礼上行拱手礼，要左手握拳，右手抱左拳。

此外，按《易经》学说，男子为乾，属阳，女子为坤，属阴，所以女子行拱手礼，跟男子相反，要右手抱左拳。

2013年春节，央视《新闻联播》节目男女主持人行拱手礼，给全国人民拜年时，就是男的左手抱右拳，女的是右手抱左拳。

作揖还有很多讲究。从前，走江湖的习武之人抱拳行礼，通常左手五指并拢，代表"五湖"，右手握拳，代表"四海"。左手抱右拳，表示"五湖四海皆兄弟"。

道家的方士在作揖时，要按虎口，掐指纹，另有说法。一般是以左手的大拇指插入右手的虎口内，掐右手的子纹（无名指的根部），右手大拇指屈于左手的大拇指下，掐住午纹（中指的上纹），外呈太极图形，内掐"子午诀"。这种抱拳形式，有时也在打坐时用，寓意是"抱元守一"。

说传统文化博大精深，真是一点不假。您瞧，一个作揖动作，看着简单，却有多少说法和规矩呀！

揖让是怎么回事儿

揖让是个文词儿，是作揖和谦让的意思。这是古代宾主相见的礼仪，也是中国人的规矩。

按中国人的规矩，客人来了，主人一定要出屋门迎接，重要的客人要到院门口迎接。握手或作揖寒暄之后，主人要对客人揖让一番。

所谓揖让，就是主人非常恭敬地哈下腰，手伸出来，让客人先行（进屋）。接着落座、上茶等，又是一番揖让。

揖让的主旨是两层意思：一是谦恭、谦敬；二是一切都要客人为先。这个老规矩，现在中国人还在恪守。

值得一说的是揖让的原意，现在已经变了。人们迎客、接客、待客，早就没有作揖这一说了。尽管形式变了，但揖让的内涵没有变。不作揖，可是作揖的那种谦恭劲头儿不能少。

最主要的是，要懂得揖让这个老规矩，客人来了，您一定要一

／ 中国人的规矩

切以客人为先，千万不能在进门、落座、喝茶等待客环节上，忘了自己的身份，不自觉地抢在了客人前头。

递名片要用双手

名片，是证明自己身份的小纸片儿。在社交场合相互递名片，广结善缘，现在已是一种风气。

但名片在后来，随着社会的发展和变迁，作用越来越淡化。到了20世纪60年代就销声匿迹了，直到二十年后，名片这种东西才"起死回生"。所以，有些人认为，名片是改革开放以后的产物。其实，名片古已有之。

据说，最初的名片出现在春秋战国时代。那会儿，类似现在的名片叫"晋谒"："晋"，是上前求见的意思；"谒"（yè），是拜见的意思。可见，当时的名片是主动上门求见时表明身份的物件。

为什么说是物件呢？因为那会儿还没发明纸，"晋谒"是竹板或木板做的，在上面刻上身份及姓名。

名片到了汉代，改叫"名刺"。虽然蔡伦发明了纸，名片不再用竹子和木片了，但仍沿用"名刺"这个名儿，到了明代才改叫"名帖"。直到民国初年，才叫名片。

最初的名片，上面只刻着籍贯和姓名，后来才有头衔儿。当然，现在的名片内容就多了，而且越印越精美，有的甚至把自己的照片也印在了上面。

递名片要双手

名片是仪物，一定要用双手递也要
用双手接这才是出诚意为尊过重对方

在中国人看来，相互交换名片，就是人际交往和生意洽谈必不可少的手段。所以人们把名片视为一种"信物"，即可以信赖的身份证明和联系方式。因此，名片上印的内容一定要真实。

除此之外，关于名片还有很多老规矩。比如对方向您出示名片时，您必须也要把自己的名片递过去。

另外，递名片时，一定要用双手；同时，接名片也要用双手。这样才显出您的诚意和对对方的尊重。

接过名片一定要看一眼，然后郑重其事地把它收好。切忌接过人家的名片之后，随便乱放，尤其是在宴会上，不能接过名片，随意放在桌上。

因为在吃饭时，很容易把残汤剩饭弄到名片上，或者弄掉在地上。这是对人的不敬，甚至是对人的轻视。

宾主要讲秩序

宾，就是客人。所谓宾主有序，是指您到别人家做客，或别人到您家做客，还有参加其他活动时主人和客人的礼数和规矩。

按中国人的规矩，客人至上。换句话说，客人来了，他的位置要在主人之上。

比如客人到您家做客，他在门外一敲门，您就得出门迎接。在进门时，您一定要让客人先走，而且还要说些客气话，如"您请"或"您快请屋里坐"之类的。

客人进了屋，您要给他张罗座儿，然后，也是上面那程序，先让客人落座，客人坐下，您才能坐。

接着是上茶。也是让客人先动茶碗茶杯，客人喝了，您才能端茶碗茶杯喝。

总之，一切以客人为先。

古代中国人轻易不请客，因为中国人的礼数和规矩太多，请客是一件很麻烦的事儿，稍微一疏忽，就会在礼数和规矩上有遗漏和欠缺之处，惹得客人不愉快。所以，中国人早年间有专门替人张罗请客之事的行当。

但不管谁来张罗，只要是有客人参加的活动，就一定要把客人侍候好。要让人家满意，首先要按宾主有序的老规矩办。

要让长者先行

这个规矩，实际上也体现了"长者先，幼者后"的准则。

晚辈跟长辈一起，出门儿进门儿，落座儿起座儿，一定要让长辈先走或先坐。

例如晚辈跟长辈坐电梯，电梯的门开了，晚辈一定要走到电梯口，一手遮挡电梯的缝隙，一手示意让长辈先进。

再比如晚辈和长辈一起活动，在步入会场时，即便叫到自己的名字，也要等长辈入场后，自己再进。

在早年间，中国人的交通工具主要是马、马车和轿子。清末民

　　　　　　　　　　　　　/ 中国人的规矩

初，有了人力车（洋车）和脚踏车（自行车）以及铛铛车、汽车。

但不管是什么年代，也不管是什么交通工具，只要是晚辈和长辈一起出门，长辈的马、马车、轿子及洋车、汽车，一定要走在前边，当晚辈的跟在后边。

所以，晚辈跟长辈出门又叫"随行"，也就是随长辈一起出行。

中国人管出门步行，叫"腿儿着"。晚辈跟长辈出门一起"腿儿着"，一定是长辈走在前边，晚辈走在后面。晚辈既不能超过长辈，也不能并肩行走。

如果晚辈在街面儿上骑自行车或"腿儿着"，意外地碰上自己的长辈，而长辈没看见自己，自己又不想打扰长辈，怎么办？

按老规矩，一定要躲到一边，等长辈走过去，自己才能悄然离开。如果跟长者走的是同一个方向，那只能在后面"腿儿着"，或推着自行车走。

总之，晚辈在行进中，不能超过长者。超过，就是对长辈的不尊不敬。

晚辈要给长辈挑帘儿

这是中国人经常挂在嘴边的一句话。挑帘儿，就是掀帘儿。

早先，中国人住的平房，大多有门帘。夏天挂门帘，是为了防蚊蝇；冬天挂门帘，是为了防风防寒。

当然，冬天挂的是棉门帘。那会儿，进门，先要掀门帘。所

给您挑门帘儿

生活中给长辈挑门帘儿这是老规矩现而今成了一句客气话 南方习俗遗有风情

以，才有"给您挑帘儿"这句客套话。

通常是下属和领导同时进门、晚辈跟长辈一起进门或主人在门口迎接客人时，才说："给您挑帘儿。"

比如晚辈跟长辈一起走，快到门口了，晚辈要紧走几步，到门口儿，掀开门帘，同时说一句："给您挑帘儿了，您慢着点儿，留神脚底下。"

晚辈先行一步，给长辈挑帘儿，是中国人的规矩。但随着时代的发展，城市的变迁，中国人的生活方式也发生了变化，现在，几乎看不到家门口挂门帘的了。"给您挑帘儿"这个老规矩，自然也就没了。

不过，中国人喜欢幽默，这句话还常挂嘴边儿上，但内容变了，"挑帘儿"实际上变成了开门。

晚辈跟长辈同行，快到门口时，晚辈先行一步，把门推开，一只手扶门，同时躬身施礼，向长辈伸出另一只手，说："这儿给您挑帘儿了。您请进。"

您瞧，挑帘儿现在成了一句客气话。

要给贵宾手搭天棚

手搭天棚是个有意思的词，也是好玩的动作。什么叫手搭凉棚呢？

把手张开并拢，放在眉梢，向四外张望，这就是俗称的手搭

"天棚"，也有说手搭"凉棚"的。当然，这是一种象征性的逗闷子说法。

执手搭"天棚"是什么意思呢？它是中国人的一种礼数，也是老规矩。

中国人在有皇帝的时候，没有汽车，人们出行主要靠轿子，还有马（骡）车、驴车。一般有头有脸儿的人，出门坐轿子或马车，跟班的（随从），或用人在轿子或马车后头跟着。

到地方了，跟班的或用人马上走到轿子或马车前，在主子（坐轿子或马车的人）下轿或下车的时候，伸出右手，手指张开，在主子的脑瓜顶上打横儿，这就叫执手搭"天棚"。这一动作，直到主子下了车才结束。

执手搭天棚的规矩，古已有之。据说这一举动作为"礼"，最初仅限于君王，王公大臣都享受不到，更别说一般老百姓了。

为什么要用手来搭"天棚"呢？主要是象征性地起到遮阳挡雨的作用，古代君王出行都要打伞盖，也是这个意思。

此外，这个动作体现了一种尊严和庄重。当然，主人给宾客搭"天棚"，也是为了显示主人的热情与殷勤。

您在电视里看到我们的国家领导人出访，或外国元首来华访问，在他们下汽车时，会有人走到车门前执手搭"天棚"。可见这个规矩现在已经成为一种礼节。

自然，这个规矩也流行于民间。但作为老规矩新用，它还是有一些讲究的，比如搭"天棚"时，要一手拉车门，一手搭"天棚"，身体要向前微微倾斜，同时面带微笑。动作要自然大方得体，不能死板生硬。

如果宾客上了年纪，拉开车门后，还要腾出一只手，来搀扶一下宾客。总之，这个老规矩纳入礼仪的范畴，动作就相对要更规范了。

随身要带手绢或纸巾

我们在一些古装戏里，常常会看到青衣、花旦或老旦拿着手绢儿当道具的动作。

比如哭或笑的时候拿它掩面，羞臊或撒娇的时候也拿它来掩饰。此外，还可以用手绢儿掸土拂尘等等。

手绢儿，也叫手帕，现在已经改叫擦手巾了。不过，擦手巾一般是一次性的，用过就随手扔掉了。手绢儿则是反复用的。

不管是手绢，还是擦手巾，在现实生活中，它的功能很多。您别以为，手绢儿只是戏剧舞台上的道具。

曾几何时，手绢在人们的日常生活中须臾不离。除了舞台上的那些功能，手绢在生活中的主要作用是：擦手擦眼，擤鼻涕遮脸。

当年，上幼儿园的小朋友，不但都会唱儿歌《丢手绢》，而且小衣服上，都别着一条小手绢儿。自然，手绢儿并不是孩子们的专用品，大人随身也要带块手绢儿。

由于人们在日常生活中，手绢常不离手，所以手绢也越做越精致，材料由棉布到丝绸和抽纱。到后来，手绢还成了青年男女的定情物。

当年的手绢用途广泛，而且在大庭广众面前，它确有"道具"作用，所以在中国，关于怎么用手绢，有不少规矩。

但手绢儿说到底其作用还是清理身上或脸上的垢污，比如擤鼻涕，甚至于吐痰都离不开手绢，因而使手绢染上了个污名。

随着社会的发展和人们生活水平的提高，纸巾在日常生活中得到了普及。

由于纸巾随用随手就当垃圾扔掉，不像手绢，虽可以重复使用，但用过之后的清洗，会给人们带来一些麻烦。

于是，在生活快节奏的时代，便捷的纸巾很快取代了手绢儿。今天，用手绢的人已经很少了。

虽然手绢儿要成古董，被人们送进了博物馆，但笔者认为用手绢儿的一些老规矩，一时半会儿还不能扔，有必要"嫁接"到用纸巾上。

比如老规矩有当着客人的面儿，不能用手绢儿擤鼻涕。有痰要吐在手绢儿上，但吐的时候，要背过脸儿去。因为手绢儿属不洁之物，所以手绢儿不能随便乱放。切忌用手绢儿包吃的东西。切忌用手绢儿擦吃喝的碗、杯、筷子等等。

这些老规矩用在纸巾的使用上，也很合适。所不同的是，手绢儿用完，要揣口袋里，可以洗洗接着用，而纸巾用完，随手扔垃圾箱里就得。

别随便给人扇扇子

说起来，这个老规矩也有点儿过时。现在，每到夏天，不管南方还是北方，屋子里几乎都安装空调，别说手里摇的扇子，就是过去时髦的电风扇，也很少有人用了。

但作为传统的老规矩，不能给客人扇子，还是应该让人知道。为什么？我认为，这个老规矩，可以让人们明白其中的道理。

远了不说，在一百多年前，电风扇刚刚问世，人们还不知道空调是何物。那会儿的夏天，人们驱赶暑热主要靠扇子。"凉风徐来扇在手，汗蒸暑气都赶走。"

扇子并非中国所独有，早在两千多年前，古埃及、印度、巴比伦、罗马等地就有了扇子。因为扇子能驱暑纳凉，扇面上题字绘画，也是一种风雅，所以古人对扇子怀有特殊的感情。骚人墨客更是对扇子情有独钟，以扇传情，以扇抒怀，创作了大量的"咏扇诗"和扇面画儿。

如唐代白居易写的《白羽扇》：

素是自然色，圆因裁制功。

飒如松起籁，飘似鹤翻空。

盛夏不销雪，终年无尽风。

引秋生手里，藏月入怀中。

麈尾斑非足，蒲葵陋不同。

何人称相对，清瘦白须翁。

唐代的另一位诗人李峤写的《扇》，非常美妙：

翟羽旧传名，蒲葵价不轻。

花芳不满面，罗薄讵障声。

御热含风细，临秋带月明。

同心如可赠，持表合欢情。

此外还有唐代唐怡写的《咏破扇》：

轮如明月尽，罗似薄云穿。

无由重掩笑，分在秋风前。

郑谷写的《代秋扇词》：

露入庭芜恨已深，热时天下是知音。

汗流浃背曾施力，气爽中宵便负心。

从这些诗中，我们可以看到，古人是多么多愁善感！夏天暑热的时候，人们手不敢离扇，把它视为知音。

但是到了秋天，天气凉爽的时候，便把扇子冷落到箱子里，或者随意地一扔。这让那些诗人们触景生情，思考人生，想到自身的命运。

扇子的材质有许多种，但最常见的有羽毛扇，就是诸葛亮手上拿的那种。还有蒲葵，也就是俗称的蒲扇。铁扇公主拿的芭蕉扇，也是常见的一种扇子。

当然更多的是纸扇、丝绸扇、细纱扇等。中国人通常用的是蒲扇、纸扇。

中国家庭常备的是蒲扇，而喜欢用纸扇的主要有三种人。

一种是文人墨客，还有附庸风雅的富商大贾。他们用的纸扇的扇面儿，多有名人字画。您想在炎热的夏天，手里摇的扇子，是唐伯虎画的扇面儿，那是什么派头儿。

二是说书的和说相声的艺人。扇子在他们手里，就是道具。说到举旗挥刀，拿起扇子上下一比画，齐活。

三是看相算命的人。中国人专有吃这碗饭的，有的在庙会摆个卦摊儿，有的在闹市开个"命馆"。这些自称是"仙儿"或"半仙儿"的人，在给人看相算命时，喜欢拿把扇子，据说是显得自己有仙风道骨。

扇子的作用是无风扇风。而文人的风雅，没风怎么成？扇子在手，自然有风。有风就有雅。所以风雅的文人，离不开扇子。

北京有个老规矩，甭管您用什么扇子，都要自备，不能让别人给您扇子。当然，您也不能给客人扇子。通常只有两种情况，能给别人扇子，一是老人给孙子辈的；二是小孩儿给老人。

为什么不能给别人扇子呢？主要是因为按过去迷信的说法，扇子的"扇"，与善良的"善"同音，这也是过去人们喜欢扇子的原因之一，您给别人扇子，等于把您的"善"送了出去。

此外，风在《易经》里是巽位，风只有接着地气，才能给人带来好运气和好福气。要想接地气，必须自己来借风。您给别人扇子，等于把您的好运气和好福气给没了。当然，这些带有迷信色彩的说法，您听了，只是一乐儿，千万别当真。

同样，你也不能给别人扇扇子，原因是出于健康考虑的。虽然扇子是祛暑纳凉，但每个人的身体状况都不一样，扇子使的手劲儿也不一样。

有的人喜欢风，有的人怕风，假如您不管不顾，上来就给人玩

不能给客搧扇子

不管夏天多么热，北
京人在家里都不能
给客人搧扇子。通
常是可以给自己晚
辈搧
扇子

渔方写
旧京人
物并题

命扇扇子，正赶上这位怕风，风一吹就感冒，您说这不是给人添堵吗？

另外，给人扇扇子，也是献殷勤的表现。但是在外人面前，很多人讨厌这种溜须拍马的举动。同时，也最厌恶"阴风点鬼火"这种事儿，给别人扇扇子，很容易让人联想到的是那种风。所以，您最好按老规矩办事，不要给人扇扇子。

当然，现在扇子在现实生活中，使用的频率越来越少了。相反，扇子作为工艺品和艺术品，其价值越来越高了。

道别忌讳说"走"字

中国人说话有很多忌讳，"走"，就是其中之一。众所周知，"走"在北京土话里，另外一个意思是死。人"走了"，就是人"死了"。

当然，现在"走"的这个词义，已经全国通用，人们在悼念亡者的时候，总要在最后加上一句：一路走好。

正因为"走"字有这层意思，所以北京有个老规矩，人们分手告别的时候，忌说这个"走"字。

前些年，笔者在报纸上看到一篇回忆我国一位著名京剧演员的文章，她是随团到外地演出的路上，出车祸"走"的。"走"的时候，他年龄并不是很大，所以让人惋惜。

文章说，这名演员"走"得很蹊跷。她经常到外地演出，以前出门时见到熟人，只是点一下头，打个招呼。那天却一反常态，见到几个熟人，她都跟人家说："我走了。"

出车祸的那天，她坐的那辆大轿车，坐着五六十人，她当时头靠着车窗打盹儿。车翻到了沟里，她靠的那个车窗玻璃碎了，正好地上有个带尖儿石子，扎到她的太阳穴上，一车人就她一个人走了。她临行前的"我走了"，成了她说的一句谶语。

当然，这篇文章说的事儿，带有偶然性。不过文章似乎也印证了中国人忌说"走"字的缘由。

笔者曾以民俗学者的身份，参加了北京公交系统文明用语的讨论，当时集中了五句文明用语，其中一句是乘客下车时，售票员说："您走好。"这句话引起了激烈的争论。

事实上，这个"走"字，也引起了一些北京市民的反感。一位上岁数的老太太，听到售票员跟她说："大妈，您走好！"立马儿跟人家翻了脸："姑娘，怎这么说话？你这是方谁呢？"

"方人"是中国人土话，诅咒的意思。那位年轻的售票员挨老人一通儿数落，觉得自己非常委屈。她哪儿能想到，好心好意跟老人道别，却惹来这么大麻烦。

您可能会问：既然老规矩忌说"走"字，那告别时说什么呀？其实汉语的词汇量那么丰富，可以替代"走"的词儿很多很多。例如："您出门呀"，"您下车留神脚底下"，"您轻点儿迈步"，等等。

另外，您也可以在"走"字儿的前头，加上个形容词或定语，也可以淡化"走"字的另外含义，比如："您慢点儿走"，"您要走呀，慢着点儿"，等等。

做事要有里有面儿

有里有面儿，是一句北京土话。有人把"有里"，写成"有礼"，这是不对的，"里"，是里头的意思，和"面儿"是相对应的。我曾写过一本关于礼仪方面的书，就是用《有里有面儿》做的书名。

说话办事儿要有里有面儿，这是中国人的规矩。什么是有里有面儿呢？简单说，就是内外有别。

中国人干什么事儿都讲究要面子。面子，说了归齐，就是尊严或者说是虚荣。事实上，不光是中国人讲究面子，地球上所有人都讲究面子。

外国元首来访，总要有像样儿的仪式，让人家住最好的宾馆，吃最高规格的饭菜，参观最能代表本国历史文化和现代文明的地方。国与国之间如此，单位与单位之间也如此，个人之间更是如此。谁也不会把自己丑陋的一面展示给外人。

过去，住大杂院的中国人家里穷，偶尔来了客人，往往弄得手忙脚乱。为了撑面儿，只能跟院里的街坊四邻求救，张家借张八仙桌，李家借几把椅子。

穷，怕客人笑话，还得要样儿，于是把王家的座钟先搬过来，把赵家的收音机也先拿来摆一会儿，把孙家墙上挂的字画，也先拿过来挂一挂。

总之，会借全院之力，把您家布置得体体面面。而且，在吃上，也打肿脸充胖子；在言谈举止上，好像也斯文起来，说话细声细气，不敢吐粗口儿，就跟家里真有钱有教养似的。

等客人前脚走，后脚就原形毕露了，该坐小板凳，还坐小板凳；该啃窝窝头，还啃窝窝头；该说话带脏字儿，还是说话不干净。这就是里和面儿的区别。

有人笑话中国人，死要面子活受罪。其实，要面子并不是坏事儿。如果一个人连面子都不要了，那么，他是不是就不懂人活着的尊严了？想要面子，才会去努力奋斗，争取让自己真有面子。当一个人不要面子了，那他还可以"救药"吗？

要面子，还要有里子。这是北京老规矩的文化内涵。"里子"是心里的活动内容，它往往是含而不露，也不能露的。

比如您接待一位客人，他的一举一动，您怎么看怎么觉得别扭，甚至感到厌恶。您心里可能会骂他：瞧你小子这德性！但是，您出于礼节，碍于面子，还要热情地让座儿，上茶，赔着笑脸，尽管您是那么不情愿。这就是北京的规矩，有里有面儿。

中国人爱说这样一句话：甭管怎么着，咱大面儿上得说得过去。这种"说得过去"，一方面要维护自己的面子，另一方面，也要给对方留面子。

所以说，有里有面儿说起来简单，其实，这里头却大有学问，更有着有很深的内涵。

道声"劳驾"又何妨

劳驾，是中国人常用的礼貌语言，一般在请人帮忙或麻烦对方时道声劳驾。因为常用，所以，有时也会添俩字儿，比如："劳您驾"或"劳驾了您哪"。

这俩字儿人们常说，但不一定能理解它的词义，特别是这个"驾"字儿。

"驾"，在古代，主要指驾驭马车，因为古代马车是主要的交通工具，所以，这个"驾"字被借用为敬辞，比如说贵宾来了，人们会说大驾光临。

劳驾也如是，这个词儿在古代就有，但它只是个文词，后来给用俗了。

"驾"字儿还有一个词义，就是专指皇上的马车。后来，"驾"字又借代为皇上，皇上死，叫晏驾或驾崩。

"劳"字儿，一般的词义好理解，是劳动的意思，但用在这儿，却是一种使动关系，也就是"使您劳动"，即麻烦您一下的意思。

所以，人们有时把劳驾两字儿给省略了，只说这个"劳"字，如"劳您回回身儿，让我过去"或"劳您把那张报纸拿过来，我看看"。或："王老师，我这有块和田玉，劳您给掌掌眼。"

因为劳驾是中国人常挂嘴边儿上的一个词儿，所以，大人们从小就教育家里的孩子，出门别忘了"道劳驾"，这也是中国人的规矩。

其实，道声劳驾，是多么简单的一件事呀。但这两个字儿，却体现了中国人的文明、礼貌和懂规矩。

嘴边上的两个字，能化解多少生活中的种种不愉快呀！

一笑能解许多纷扰

小的时候，哭，是我们解决问题的法宝；长大以后，笑，是我们面对现实的武器。看来，笑还是比哭能解决一些实际问题。

俗话说：拳头不打笑脸人。这几乎是人人皆知的俗语，也是中国人的规矩。

这句话，包含两层意思：一是有人惹着您了，让您一时恼怒，攥起拳头。就在拳头举起来的一刹那，对方突然服了软儿，冲您微微一笑。他的这一笑，等于向您俯首称臣，会让您不由自主地把拳头放下来。这也叫：一笑泯千仇。

另一层意思是，要明白微笑的作用，对要伤害你的人，或者你所仇恨的人，报以微笑，因为笑容不但能化解矛盾，还能让宿怨冰消雪融。

中国人受中庸之道的影响，深知和气的重要：和气生财，和气治家；冤家宜解不宜结；退一步海阔天空。甭管干什么事儿都讲究"一团和气"。

因为经验告诉我们：君子动口不动手。一旦动手，打来打去，往往是两败俱伤。伤了别人，也毁了自己。

动武，永远无胜者；攻心，才是有智者。中国人把拳头不打笑脸人作为规矩，也许跟这个人生的信条有关。

打听道儿要下车

笔者有个从江西来北京打工的朋友。这天，他跟我抱怨："您老说中国人古道热肠，根本不是这么回事。别的不说，我跟你们北京人打听道儿，两回了，都给我指冤枉路，让我往相反的方向走。多耽误事儿呀！气死我了。"

我理解他的怨气，毕竟让他跑了冤枉路，耽误了他的时间。但为此就把中国人的古道热肠给否了，我不能认同。

首先，他是江西人，普通话说得不标准，备不住人家没听清楚您说的地名儿。

其次，现在在北京居住的外地人，比地道的北京人（所谓土著）多。现在北京城区的地界是老北京的七八倍，人口也多了近三倍。1970年，北京的常住人口是800多万，到2020年，达到了2300多万。

您走在北京的大街上，十个人里很可能有七八个是在北京工作的外地人。您跟他们打听道儿，他们也不认识，难免瞎指挥。

此外，打听道儿，也是门学问。这位江西朋友，未必懂在北京打听道儿的规矩。

我细问了一下，果然问题出在这儿。他是开车出门的。两次打听道儿，他都没下车，只是摇下车窗，直接跟在路边站着的人说话的。

"这，您能怪谁呢？您自己就不懂规矩呀！"我不无遗憾地对他说。

的确，中国人是非常重视礼数的，当对方失礼或无礼，您还以颜色，即以无礼相对，这并不为失礼。

当然，在打听道儿这件事儿上，还不至于如此。可是碰上较真儿的，失礼，冒一下坏也很难免。这叫：让您今后长记性。

为什么说在北京打听道儿有学问呢？首先，您是在跟您素不相识的人说话。其次，您是有求于人。

人家在那儿待得好好的，或人家正常走着路，您上前跟人打听道儿，等于在影响人家的正常活动，给人添麻烦。所以，打听道儿，您必须恭恭敬敬，客客气气，还要彬彬有礼。

此外，打听道儿，要会选择对象，最好找当地人问路。不能情急抱佛腿，在大街上，逮着个人就问。当然，现在一般人谁也没有火眼金睛，一下就能认出谁是本地人，谁是外地人。

按中国人的规矩，打听道儿，您首先要下车。早先是马车，后来有了自行车，现在是私家的汽车。不管什么车，您只要打听道儿，必须下车，这是对人起码的尊重。

其次是会打招呼。打招呼要先叫尊称。上岁数的，叫大爷、大妈、大叔、阿姨。岁数差不多的，叫大哥、大姐，等等。总之，您要拣好听的叫。

记住喽，打招呼，千万不能一上来就喊"哎"。中国人最反感

/ 中国人的规矩

打听道儿
要下车

角管您什么
车都得下
来再问这是
对人起码的遵
重另外您
只有找对了
人才能问的明
白澄男旧志钤

听人家喊他"哎"。

然后，再用上那个"请"字儿："请问您是住在附近吗？"当人家说"是"，您才能问人家您要找的地址。

人家给您指完路，您可千万不能一拍屁股就上车，走人。一定要说几句客气话，谢谢人家。

假如您打听道儿的这个人，不住在附近，您要去的地方，他也不知道。您也不能扭头就走，也要向人家致谢，接着再找别人问路。

我想，那位江西朋友，如果按这些老规矩打听道儿，怎么可能会嘬瘪子，跑冤枉路呢？

当然，现在是手机的天下，人们出门手机上都有导航，已经基本不用跟人打听道儿了。

但有时您没带手机呢？或者您的手机没电了呢？您还得跟人打听道儿。

话又说回来，您通过打听道儿的这些规矩，也可以从中了解中国人待人接物的一些礼数。

不能乱跟人打招呼

前两年，国内媒体报道了一个新闻：一个开大货车的司机，因为无缘无故地跟正在执勤的交警打招呼，结果被罚款 200 元，扣了分。

为什么呀？原来这位司机闲来无事，成心跟警察逗闷子，又打招呼，又出怪样儿。

交警不明就里，以为司机犯了病，赶紧跑了过去。一问，司机嘿嘿一笑说："没事儿，我待着闷得慌，就想跟您打个招呼。"您说这不是吃饱了撑的吗？

看来这招呼真不能乱打。乱打是要付出代价的。

其实，中国人的规矩里，早就有不能乱打招呼这一条。为什么不能乱打招呼呢？

因为这是对人的没礼貌，再严重点儿说，是对人的不尊重，更进一步说是无"礼"取闹。

乱打招呼，还会给人造成许多误会，比如前边说的那个司机，跟交警打招呼。交警以为他出了什么事儿，于是放下手头正忙着的工作，来为他服务，结果他是开玩笑。您说这不是把工作给耽误了吗？

按中国人的规矩，一般见了熟人才打招呼，不认识的人是不打招呼的，免得闹误会。

再说，人在外面也要保持一定的庄重，乱打招呼，则显得有些轻浮，甚至让人觉得有点儿"二"了。

别随便拍人肩膀

拍肩膀是长辈对晚辈的疼爱、赞赏和勉励的一个常用动作，后来延伸到领导对下级体恤、赞赏、鼓励的动作。

通常只有长辈对晚辈或首长对下属，才能用拍肩膀这个动作。平辈或平级的人是不能随便拍肩膀的。

当然也有例外，比如碰到了意外的惊喜，激动之情难以克制，情不自禁地拍朋友肩膀几下，这也是情有可原的，就像激动不已给对方一拳一样。这些都是情绪化的不规范动作。

正因为拍肩膀是长辈和领导的常用动作，所以不能乱拍肩膀才成为中国人的规矩。

为什么不能乱拍肩膀？因为如果是平辈或平级，您拍人家的肩膀，就会显得您居高临下，轻视或藐视人家。假如您是晚辈或是下级，去拍长辈或上级的肩膀，那就更显得您没大没小，不懂事理了。

由此看来，中国人的规矩说得有道理。人的肩膀不是墙壁，不能轻易上去就拍。

大庭广众不能乱指人

指人，其实是指认人。您跟人聊天，说到张三了，恰好张三从南边走过来。这时，您用手指着远处的张三，急切地对朋友说："快看嘿，那不是张三吗！"

当然，这种指认，不完全是指人。

您跟朋友在街上走着，您突然发现远处有两个人扭到一起，打起架来。这时，您指着远处俩人动手的地方，大声对朋友说："打起来了嘿！快看快看！看见没有？那个男的手里拿着家伙呢！"

显然，这种指认是伴随着高音大嗓的，因为您生怕朋友看不到，所以情绪比较急切。

按中国人的规矩，在大庭广众之下，是不能随意指人的。为什么？

因为大庭广众嘛，肯定人比较多，也比较嘈杂。也许您想指张三，但张三是在走着的，实际上您指的是其他人。不管是谁，这种用手指认，也是对人的不尊重。

其次，在大庭广众之下，您用手指指画画，动作不雅，影响您的形象呀！

现在，中国人的生活质量高了，甭管男女老少都重视养生健身，注重自己的颜值，而且出门时，非常讲究穿着打扮，让自己光彩照人。

其实，这些"光彩"是没得说。关键是您怎么"照人"？

您颜值再高，穿得再酷，六十岁看上去像四十的，但是您在大庭广众之下，亮着大嗓门高声喧哗，在人群中指指点点，旁若无人。

这不是"照人"，是"招人"了。招人讨厌，招人指责。

所以，您在大庭广众之下，一定按老祖宗的规矩办，不要指指画画。

假如您跟朋友说张三，真碰到了张三。您直接告诉朋友就行了，没必要非用手去指认。

如果您不来点附加动作，无法表达自己的激动，您可以用嘴来代替手，往张三走的方向努努嘴，不是也行吗？

外场说话不能大嗓门

外场，是北京土话，一般来说，有两层意思：一是指公共场合。二是指除了自己家以外的活动，包括您出门上班，到朋友家串门儿等等。

北京人好面子，平时自己在家，只要老人不在身边，翻跟头打滚儿，怎么闹腾都行，但出门就不一样了，再猴儿了吧唧的人，到了外场，在生人面前，也得板着（约束）自己。这就叫内外有别。

北京人的外场规矩很多，但最主要的一条是说话不能大嗓门儿。北京人说话嗓门比较高。

当然，不光是中国人，其他地方的人平时说话的嗓门儿也不低。早年间，笔者到四川采访，听当地人聊天扯着嗓子，说的是方言，语速又很快，我一句也听不懂，以为俩人在打架，过去相劝，结果闹了笑话。敢情人家在那儿说事儿呢。

在北京人看来，男人说话要慢条斯理，不急不缓，有板有眼；女人说话要柔声细语，燕语莺声，平心静气，和缓轻慢。这些都是有教养有文化有品位的说话方式，也是大人教育自己的孩子从小就要养成的说话习惯。

笔者是在北京的胡同长大的，小时候常听老人们念叨：嗓门越高，教养越低。当然，这也不完全正确，赶上耳沉（听力不好）的人，说话自然嗓门儿高。一位老中医曾经告诉我：血压高的人，说话大嗓门儿。当然，这都是特例。

老人们的话在不在理另说，但却告诉我们一个事实，在大庭广众下说话，一定要管好自己的嗓门儿。因为说话大嗓门儿不招人待见。

为什么按中国人的规矩，外场说话不能大嗓门儿？用现在的话说，主要是为减少噪声。要知道噪声也是污染。

当然，在公共场所说话不能大嗓门，最主要的是，您要尊重他人。

平时人们在机场、在火车站、在剧场、在电影院、在地铁上、在公交车上等地方，经常会看到有些人亮着大嗓门儿，旁若无人地在高声说笑。

甚至有些人的大嗓门引起别人的侧目，他们也不管不顾，依然口吐吐沫星子。这些都是缺少教养、不懂规矩的表现。

您别忘了，在您说话的时候，身边还有别的人。您不管不顾，亮着大嗓门儿，大说大笑，只图自己痛快了，别人的耳朵受得了吗？如果都这样，那不是成蛤蟆坑了？

您也许在影视或画片里看到过，古代的县衙门的大堂两边，挂着几个大木牌，其中有一块，上头写着"肃静"。

古代的大官出行时，轿子前边也有衙役，举着牌子开道。那牌子里，必有一块写着"肃静"。

写着"肃静"，是因为这些外场本来不肃静。由此可见，古人说话也有爱亮大嗓门儿的习惯。

这个习惯是必须改的。虽然，跟随地吐痰一样，改起来很难，但是随着社会文明水平的提高，以及人们的教养程度的提高，自然会认识到，外场大嗓门儿说话不文明。

任何场合都别一惊一乍

一惊一乍，是人在大庭广众由于突然的惊诧发出的惊呼。因为是突然的喊叫，往往会吓人一跳。

如果是体格健康的人，吓一跳，也就是吃了一惊的事儿，不碍什么。但是，赶上这位上了岁数，又有心脏病，神经过敏，那就容易出娄子啦。所以，北京有个老规矩，在人前背后不能一惊一乍。

笔者记忆犹新十多年前，采访一位老画家，他当时在家卧床不起，气喘吁吁，神情恍惚。一个月以前见他，还不是这样儿。我向他的夫人问起病因。他的夫人告诉我，是吓的。这让我吃了一惊。

原来前段时间，他的心脏一直不好，正赶上他的朋友在美术馆举办画展，他抱病前去参观，正在聚精会神地欣赏朋友的画儿，突然在他的身旁，发出一声惊叫，吓得他当时心脏病就犯了，坐在地上好半天没喘上气来，后来被急救车送到医院抢救，才躲过一劫。

原来发出这声惊呼的是个中年妇女。她在看画展的时候，发现了自己多年不见的老朋友，于是惊呼起来。当然她根本没有想到自己的一惊一乍给身边的这位老人带来的伤害，在她跟老朋友叙旧的时候，老人正在鬼门关门口徘徊。

在大庭广众一惊一乍的人，往往是由于突然的恐惧或惊喜而产生的冲动，有时是情不自禁的。当然，也有人平时就有神经质，碰上什么事儿，喜欢一惊一乍的。

但不管什么心理因素，我们也要按中国人的规矩，当着人面儿，千万别一惊一乍的，容易吓着人不说，这么做，也显得自己没教养，甚至有点儿"二"了。

别在人前当"影壁"

影壁，北京话读"影背"。它是四合院的大门内或屏门内做屏蔽的墙壁，规格高的庙宇、宫苑的大门对面，也要立影壁。

影壁有砖砌的，有木制的，上边带檐子，下边有底座儿，正中有雕刻的吉祥图案或字。

由于影壁有遮眉挡眼的作用，而且立在那儿，单摆浮搁，比较显眼，所以，中国人往往用影壁形容那些身材高大的人，比如："您瞧，姚明往那儿一站，像个影壁。"

个子高的人单独站着，不觉得什么，假如是在戏园子听戏，或者在电影院看电影，他或站或坐在您的前边，确实像个影壁，您什么也甭想看了。

当然，不只是个子高的人，个儿矮的人也如是，人家站着或坐着看演出，您突然跑到他的前边，自然会挡住人家的视线。所以，北京有个老规矩，不能在人前当影壁。

不在人之前：古影壁指不论你个子高或矮都不能在人前挡视线、早期的动物园门前曾设两位高人检票游人都得仰视才能看到她们的脸成了当时进入动物园必经过的一里。

萬生園

/ 中国人的规矩

有些东西能看不能摸

在现实生活中，有很多东西是能看不能摸的。这里说的能看不能摸，主要是指到人家做客，或者在公共场所。这也是中国人的规矩。

看着不过瘾，还要上手摸，这似乎是人的本能。但是，看是欣赏，动眼不动手是文明的体现。

不过，现实生活中，总会有不懂规矩的人，见什么东西不上手摸摸，心里痒痒。所以，博物馆展览的物品，不得不装上玻璃框，公园里的古物、古树、奇石等，不得不围上栏杆，而且许多公共场所都有"请勿动手触摸"的警示牌。

但是，在朋友家做客，或者在古玩店、工艺馆之类的地方，通常没有这种警示，全凭您的素养和是不是懂规矩了。

为什么到人家做客或在公共场所，有些东西能看不能摸呢？

一是人家的东西摆在那儿，就是让人看，不是让人摸的。您来了动手摸，他来了动手摸，摸来摸去摸坏了，谁也别看了。

二是人家的东西摆在那儿，是不是易碎品，值钱不值钱，您并不知道。保不齐，您动手一摸，把它碰掉地，摔了。

现在，民间收藏热，真的假的单说，一般人家里都摆几件古董，看着不起眼的一个瓷瓶，您动手给人家摔了，人家说这瓶子是明代的，值五百万，您说您赔得起吗？

一位有名的收藏家曾经对我说：世上的宝物实在太多了，我们过过眼瘾足矣，何必非要动手呢？

　　　　　　　　　　　　　　　　　　　　　／ 中国人的规矩

2013 年，北京就发生这么一件事，一位女士到人家做客，看见人家的翠镯子摆在桌上，手一时痒痒，拿起来把玩，还要试着戴在自己的手腕子上，没承想一失手，翠镯掉地上，摔碎了。主人说这个镯子价值 800 多万元。最后两人对簿公堂，那位女士赔了人家 80 万元。您说，摸这一下的代价有多大吧。

当着矮人不说短话

这实际上讲的是说话的规矩。中国人讲究说话办事要留有余地，也要给人留面子。

金无足赤，人无完人。其实，每个人都有长处，也都有短处。当着矮人不说短话的意思是，您明明知道人家个儿矮，三十多了，还没找着对象，在跟他谈话聊天的时候，就留神别说跟个儿有关的话了，因为他肯定对这个话题敏感。您一说，他肯定会受刺激。又何必呢？

当然，举一反三，对任何人的短处，一经被您发现，您在跟他谈话聊天时，都应尽量回避。即便说，也要把握分寸。切记"良言一句三冬暖，恶语伤人六月寒"。

当着矮人不说短话，作为中国人的规矩，恰恰体现了中国人厚道与善良的人性。

捧人不能过分

老话说：人靠七分捧，货靠三分抬。相声是中国人特有的幽默表演艺术，说相声有逗哏的，也得有捧哏的。中国人把邀请人参加活动叫捧场，出钱送礼的叫捧钱场，空着手来的叫捧人场。总之，捧人，在中国人是一件给人添彩儿的好事。

捧人，最常见的是语言，即用说话来捧人。如您跟朋友几个月没联系了，在偶然的机会见了面儿，寒暄中，相互之间难免要对捧一下：

"几个月没见，你好像瘦了点儿，不过显得年轻少相了。"

"你的气色也不错呀！瞧您这满面红光的，印堂都发亮了，多精神呀！"

其实，您可能一场大病刚刚痊愈，他也是一身的毛病，刚从医院看病回来。您二位说的不过是客套话，但话里话外透着一种恭维，实际上这就是在捧人。

毫无疑问，谁都爱听奉承话。但奉承也要有分寸，捧人要恰到好处，如果过了头，那就变成了阿谀奉承。这一阿谀，就离溜须拍马不远了。

比如您的部门领导，带着五六岁的小孩儿到单位了，大伙儿见了小孩儿难免要夸奖一番："您瞧这孩子双眼皮大眼睛，长得多可爱呀！嗯，又聪明又伶俐，长大了准有出息。"

显然这是在捧这孩子，但捧得并不过分，大人孩子都受听。

如果是这样："主任，这是您的孩子？啊，长得太精神了！那

/ 中国人的规矩

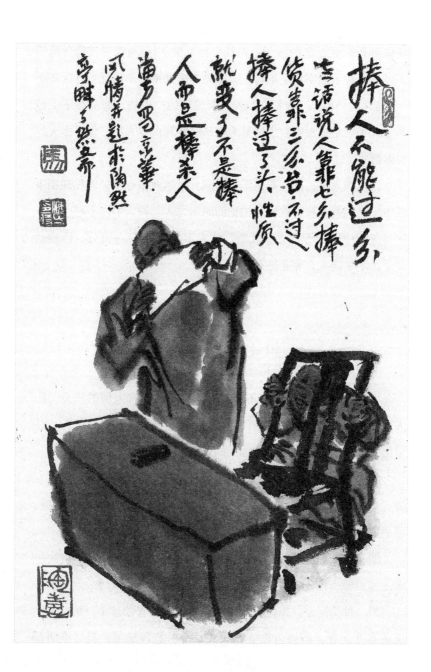

捧人不能过多,

古话说人算非七多捧
货靠三分吆·不过
捧人捧过了头性质
就变了不是捧
人而是捧杀人
油多罗烹华,
风情并起热陶然
亭子畔与然笑声

些国际影星见了您的孩子，得找个地儿哭去。刚六岁就能背唐诗了？还会写毛笔字？了不得了，这是中国未来的李白呀！什么还会'小九九'，行了，未来的大数学家妥妥的！主任，您的孩子，他不是孩子，是神童呀！您这是为中华民族和世界人民，做了多大的贡献呀！"

这种捧人法，您听着是不是肉麻？虽然有些夸张，但在现实生活中，确实有这种喜欢吹吹拍拍的庸俗之人，被人们所不耻。

所以中国人专门立了规矩：捧人不能过分。一过分，性质就变了，不是捧人，而是捧杀人了。

"借急不借穷"之说

中国有句老话："借急不借穷"。这句话没有人情的成分，跟人的道德和怜悯之心也是两回事儿。它是人们根据生活经验，总结出来的一种说法，也是中国人的规矩。

什么叫"借急不借穷"呢？顾名思义，您家里突然发生了意外，急需一笔钱，但一时拿不出来。没办法，您只好找朋友借钱，请朋友帮这个忙。

朋友得知您的情况，又知道您不是穷得揭不开锅，只是解决一时之需，便不做任何犹豫，把钱借给您。这就叫"借急"。

另一种情况是，家里穷得快断顿了，眼瞅着快过年，该给家里准备点儿年货，但腰包是空的。怎么办？您没辙了，只好给朋友作揖，让朋友借给您点儿钱，解决贫困危机。

朋友了解您的情况，知道您这不是一时的危难，而是家里一直很穷，所以，任您怎么说，他也不会把钱借给您。这就是所谓的"借穷"。

为什么中国人有"借急不借穷"的规矩呢？主要是因为"借急"是解决突发性的意外之急，借钱的主儿借了您的钱，解决了一时急需后，很快就能把钱还给您。

相反，那位"借穷"的主儿，家里已然穷得揭不开锅了，借给他钱，也救不了他的穷。而且他借了您的钱，也没有偿还能力。您等于肉包子打狗，一去不回。

这纯是从规矩的角度来说的。

当然，人心都是肉长的。从人情和道德的角度说，假如您碰到上面说的那样"借穷"的主儿，虽然可以不借给他钱，但是您也应该慈悲一下，大大方方送给他一点钱，让他买点年货，过个好年。

不要轻易许愿

信，在中国古代是一个极为重要的字儿。人们之所以把消息的传递称之为"信"，写信、送信、邮信等，就在于信的字义是可靠。有了可靠，才有可信。

正因为信的重要，孔子才将它列为"五德"之一：仁、义、礼、智、信。《论语》里有："言必信，行必果。"《弟子规》里也有"凡出言，信为先。"从这些名言，可知古人对诚信的重视。

言必信，行必果。实际上是说：您说的话，要使人相信，那就要说到做到。如果说了不做，那就是失信。老话说：百善孝为先，百事信是首。人失什么别失信。一旦失去信用，您再说什么，也没人信了。

正因为如此，中国人非常重视许愿和承诺。北京老规矩是：只要是您许愿、承诺的事儿，那就尽心尽力去办。如果您没有十分的把握，也就不要轻易许愿、承诺。

为什么要立这个规矩？因为中国人好面子，经常会有轻易许愿的事儿。特别是喝了酒，大伙儿几句话，就能把他的虚荣心给撩拨得找不着北，这时的他，短不了要说大话，您想求他办什么事儿，他都满应满许。

此外，就是在被别人捧着的时候，往往拉不下脸来，有人求他办什么事儿，他大言不惭地应了下来。其实他压根儿就没有这个能力。

古人讲究："君子一言，驷马难追。"诚信是做人之本，因此，到什么时候，也要恪守北京老规矩，别轻易许愿。要知道"一诺"可是值"千金"呀。

　　　　　　　　　　　　／　中国人的规矩

不在背后揭人短儿

背后揭人短儿，就是背后说人家的坏话。世界上任何人都有各自的长处，当然，也有各自的短处。有短处，您当面说，没事儿。即便对方听了不高兴，但对您的人品说不出什么来。

人们就厌烦背后揭人的短儿。这属于小人之举，您说了别人无耻，反倒证明了自己的卑鄙。

自然，揭人家短儿的人，肯定对这个人有点儿什么碴儿，或有积怨，或有新仇，或是出于羡慕嫉妒恨。总之，看着他别扭，不在背后给他点点儿眼药，心里不舒服。

中国人的性格豪爽，率真，有什么事儿喜欢摆在明面儿上，厌恶在背后嘀嘀咕咕，所以，非常嫉恨在背后揭人家的短儿。

中国人有句俚语：人前说人长，背后不揭短儿。即便您对这个人有深仇大恨，只要您在背后揭人家的短儿，大家也会怀疑您的人品。

因为中国人信奉那句古语："来说是非者，便是是非人。"因此，不在背后揭人家的短儿，成了一个老规矩。

不在背后揭人短儿

人各有长短处吉北京人信奉"不在背后揭人短儿"泊方写旧京人物

要知道眉眼高低

小的时候，母亲常对我说："在家里外头，一定要知道眉眼高低。"我想，大凡北京的孩子，都听过自己父母的这种教诲。

什么叫眉眼高低？这是一句北京土话，指的是别人脸上的神色。聪明的孩子，不用人开口说话，就能从一个人的脸色观察其内心是怎么想的。

这句话挺有意思，谁不知道眉毛要比眼睛高，眼睛永远在眉毛下面。但在生活中，还真有不知眉眼高低的人。比如，人家已经流露出对他的厌烦之意了，他还跟人家没完没了地聊，令人恼怒。

为什么中国人对自己的晚辈，从小就让他们知道眉眼高低呢？因为中国人自己要面儿，也替别人维（维护）面儿，所以说话办事儿比较含蓄，有别人不受听的话，不直截了当地说出来，而是拐个弯儿，或者用一种动作进行暗示，或者什么也不说，用脸上的神情表达内心的感受。

大人有社会经验，能从中看出所以然来；孩子毛儿嫩，少不更事，有些时候分不出这里的好歹来，所以，长辈对晚辈要经常要做一些悉心指教。

一般来说，人的眼睛是心灵的窗口，人的脸色是心理活动的镜子。人的喜、怒、哀、乐、惊、恐、悲，都会通过脸上的神情表现出来。稍微懂点事儿的人，都能看出点儿端倪来。但中国人含蓄，有些心理活动不挂相儿，您只能靠他的动作或话外音去揣摩。

比如，您到街坊家串门儿，聊了一会儿，人家急着出门办事，想换身衣服，巴不得您赶紧走，但又不能轰您。

您呢，屁股还挺沉，非要接着跟人家聊。怎么办？

这时，人家可能会拐个弯儿说："兄弟，弟妹今天休息，在家给你做什么好吃的呢？我都闻到香味了。"或者说："孩子该放学了吧？平常是你接呀，还是弟妹接呀？"

其实，这些都是暗示。如果，您能看出眉眼高低来，自然会知道人家说这话是什么意思。

再比如，您在长辈面前说了什么让人不中听的话，老爷子往往不会直接反驳您，而是说："我老了，不中用了，说话也就不占地方了。"

您如果能看出眉眼高低来，就会打个圆场，说几句让老爷子高兴的话，也就把刚才丢的面儿给遮了。